# Inhalt

# Vorwort

Als der Urania-Verlag mir die Herausgeberschaft für diese Ta-
schenbuch-Reihe mit zahlreichen Titeln einschließlich Wasser-
und Ziergeflügel anbot, war ich wegen des Umfanges und auch teilweise vorhandener Literatur in ähnlicher Art auf dem Büchermarkt
zunächst zurückhaltend und skeptisch. Bei näheren Betrachtungen
und Abwägungen kam ich jedoch zu der Überzeugung, daß es wirklich sinnvoll ist, diese Ratgeber-Reihe in Angriff zu nehmen, da in
ähnlicher Form nur einige Publikationen von den ausgesprochen
häufig gepflegten Vögeln im Angebot sind. Enten, Gänse und das
übrige Wassergeflügel fehlen ebenso wie Fasanen, Wachteln und
Wildtauben. Standardwerke sind vorhanden, aber dieser und jener
interessiert sich oft nur für eine bestimmte Vogelgruppe oder hält
einige wenige Gruppen, z. B. Kakadus, einige Fasanen und Tauben
in den unterschiedlichsten Gehegen. Und auch für den, der von
den Stubenvögeln nur einen Hausgefährten pflegt, ist diese Reihe
gedacht.

Einige Taschenbücher schreibe ich selbst. Für die übrigen habe
ich die Herausgeberschaft übernommen. Ich werde Autoren gewin-
nen, die voll in der Praxis stehen. Viel wird so den Leser an neuen
Informationen für Pflege und Zucht erreichen.

Die Reihe »Ratgeber Vögel« wird mit den attraktiven und so
überaus beliebten Kakadus eröffnet. Außer Informationen über
Vorkommen, Lebensräume, Gefährdung und Lebensweise der eindrucksvollen Gefiederten wird ein Überblick über viele Details zur
Zucht und Pflege gegeben. Im zweiten Teil des Taschenbuches
sind alle Kakadu-Arten der Welt aufgeführt. Auch solche werden
behandelt, die nicht bzw. kaum in Menschenhand ihr Zuhause haben, damit der Interessierte einen Eindruck von der Vielfalt der Arten erhält.

Bei diesem Taschenbuch bin ich vielen Liebhabern von Kakadus
für Informationen zu Dank verpflichtet. Jahrelange Studien im Vogelpark Walsrode fanden mit ihren Ergebnissen auch hier ihren
Niederschlag. Herrn Direktor Wolf W. Brehm danke ich herzlich
für alle Unterstützung, vor allem auch für die Studienaufenthalte
in seiner Zuchtstation Ornis Mallorca auf der Insel Mallorca. Hier

werden neben vielen anderen Papageien zahlreiche Kakadus mit dem ausschließlichen Ziel der Zucht gepflegt. Gleichfalls danke ich Herrn Dr. Dr. R. Burkard, Baar in der Schweiz, für die vielen Beobachtungstage in seiner großartigen Zuchteinrichtung »Voliere«. Zahlreiche Zuchterfolge von Kakadus konnte ich hier miterleben.

Frau Bromma gilt mein Dank für die stets gute Zusammenarbeit. Wie immer hat mich meine Frau unterstützt. Dafür vielen Dank.

Weimar, 10. Juni 1991                                    Franz Robiller

# Charakteristische Merkmale der Kakadus

Die Kakadus bilden die Unterfamilien Cacatuinae und Nymphicinae der Familie Papageien (Psittaciformes). Das auffälligste Merkmal ist die mehr oder weniger große, sehr unterschiedlich gestaltete Haube. Sie wird nach der Landung, bei Aufregung und Erschrekken sowie während der Balz aufgerichtet. Bei der Betrachtung des Skeletts fällt für den Kenner eine schmale knöcherne Bandverbindung zwischen Tränen- und Schläfenbein auf, so daß die Augenhöhle von einem knöchernen Ring begrenzt wird. Diese Besonderheit haben alle Kakadus. Sie fehlt den übrigen Papageien.

Untersuchungen zur Verwandtschaft mit anderen Papageien ergaben, daß diese Vögel eine längere und selbständige Entwicklung bei der Herausbildung von Arten und Unterarten nahmen. Die extreme Spezialisation auf Samen und Nüsse in einer spezifischen Weise erreichten sie wahrscheinlich teilweise unabhängig von den übrigen Papageien. Neben diesem Beispiel gibt es noch weitere anatomische und funktionelle Merkmale sowie Besonderheiten, die belegen, daß es sich bei den Kakadus um eine deutlich abgegrenzte Gruppe innerhalb der Papageien handelt. Papageienschnabel und Haube geben auch dem Laien den sicheren Hinweis, daß er einen Kakadu vor sich hat. Viele Kakadus werden aufgrund ihrer Färbung in »schwarze« und »weiße« unterschieden. Bei dieser groben Einteilung gehören zu den »schwarzen« Kakadus die Palmkakadus *(Probosciger)* und die Rabenkakadus *(Calyptorhynchus)*. Mit den »weißen« Kakadus werden die Vögel der Gattung *Cacatua* bezeichnet – die Eigentlichen Kakadus. Dann gibt es noch die Helmkakadus *(Callocephalon)* und Rosakakadus *(Eolophus)* mit jeweils einer Art. Der überwiegend graue Nymphensittich bildet ja eine eigene Unterfamilie. Seine Stellung innerhalb der Systematik der Papageien war im Gegensatz zur klaren Sonderstellung der Kakadus bereits frühzeitig umstritten. Er scheint von kakaduähnlichen Vorfahren abzustammen und wird in der Gegenwart als ein spezialisierter Seitenzweig der Unterfamilie Cacatuinae betrachtet.

Die Familie der Kakadus (Cacatuidae) wird von den beiden genannten Unterfamilien, 5 Gattungen und 19 Arten, von denen sich mehrere in Unterarten gliedern, gebildet. Die Tiere haben eine

8    Charakteristische Merkmale des Kakadus

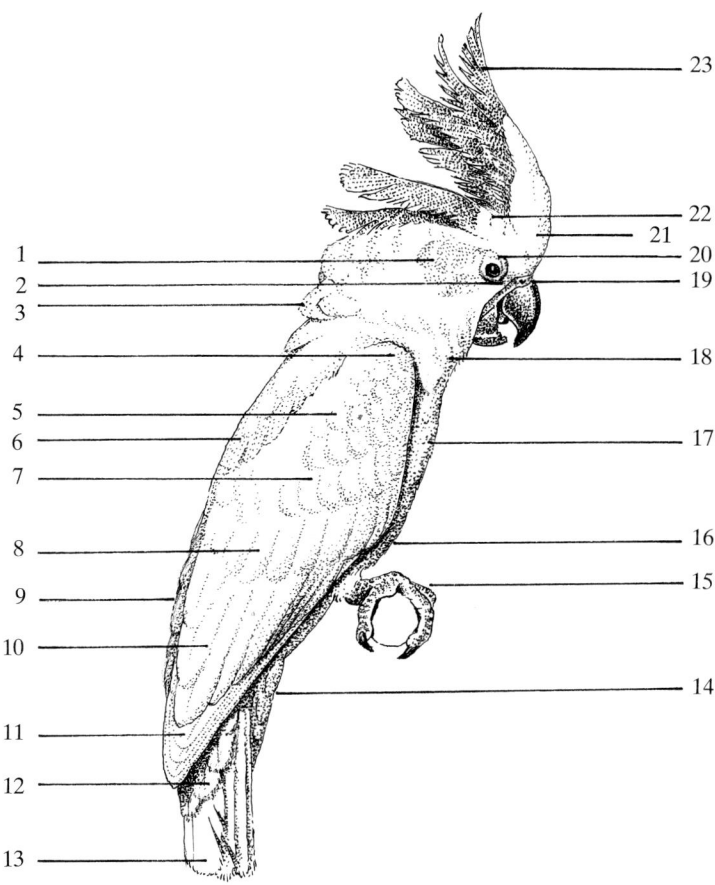

Topographie eines Kakadus (Gelbhaubenkakadu)
1 Ohrdecken, 2 Zügel, 3 Nacken, 4 Flügelbug, 5 kleine Flügeldecken,
6 Rücken, 7 mittlere Flügeldecken, 8 große Flügeldecken, 9 Bürzel,
10 Handdecken, 11 Handschwingen, 12 Oberschwanzdecken, 13 Schwanzfedern, 14 Unterschwanzdecken, 15 Fuß, 16 Bauch, 17 Brust, 18 Hals,
19 Nasenhaut, 20 Augenring, 21 Stirn, 22 Scheitel, 23 Haube


Haubenformen
1 Großer Gelbhaubenkakadu, 2 Helmkakadu, 3 Weißhaubenkakadu,
4 Inkakakadu, 5 Rotsteißkakadu, 6 Rosakakadu, 7 Bank's Rabenkakadu,
8 Arakakadu

Länge von 32 bis 67 cm und sind die größten Papageien im indoaustralischen Gebiet. Neben der schon hervorgehobenen Federhaube mit ihrer Signalbedeutung soll noch erwähnt werden, daß der Unterschnabel den Oberschnabel umfaßt. Meistens haben beide Zahnkerben und der Oberschnabel Feilkerben, die sich während der Spezialisierung auf harte Samen und Nüsse herausbildeten. Die Schnabelwurzel ist von einer bandförmigen, nackten oder befiederten Wachshaut umschlossen.

Kakadus sind soziale Vögel. Die Angehörigen der meisten Arten bilden zeitweilig Gruppen und Schwärme. In Abhängigkeit von dem Nahrungsangebot – und dieses hängt wiederum von den Regenfällen ab – haben viele eine nomadische Lebensweise. Bereits vor der Geschlechtsreife kommt es zur Paarbildung. Sie besteht wahrscheinlich das ganze Leben und natürlich auch innerhalb eines Schwarmes. Kakadus, die außerhalb der Brutzeit oder im jugendlichen Alter zusammenleben, zeigen nur eine geringe Aggressionsbereitschaft. Sie hängt von der Stimmung des Einzelvogels, seinen Aktivitäten und von der Größe der Gruppe ab.

Kakadus haben einen watschelnden Gang, allein der Nymphensittich läuft anders. Typisch für die Kakadus mit den Spitzhauben ist das Hüpfen. Bei den Vögeln mit Rundhauben hat es sich kaum entwickelt, und den Rabenkakadus (Calyptorhynchus) fehlt es vollkommen. Kakadus klettern sehr gern. Dabei verwenden sie den Schnabel als »drittes Bein«. Sehr gute und geschickte Flieger sind die Bewohner der offenen Landschaft. Erschrecken sie, so fliegen sie panikartig im schnellen Flug nach oben. Selbst noch in mittelgroßen Volieren zeigen die Kakadus ihr gewandtes Flugvermögen. Dieses Fluchtverhalten und die Kletterfreudigkeit müssen bei der Unterbringung in Gehegen beachtet werden.

Alle Kakadus führen mit dem Fuß Futter zum Schnabel, Nymphensittiche allerdings seltener. Kakadus ruhen und schlafen auf einem Bein, verpaarte Vögel eng nebeneinander. Intensive Sonneneinstrahlung über längere Zeit wird von den Kakadus gemieden, vor allem von Vögeln der waldbewohnenden Arten. Ein Gehege muß deshalb Sonnen- und Schattenbereiche aufweisen.

Die Gefiederpflege nimmt bei den Vögeln täglich viel Zeit in Anspruch. Sie wird mehrmals durchgeführt, besonders nach Ruhephasen. Zunehmend wird das Putzen von Reibebewegungen des Kopfes und des Schnabels im Bereich der Puderdunen unterbrochen. Es sind speziell gestaltete Dunen. Mit schnellen Bewegungen

Beim Klettern wird der Schnabel als »drittes Bein« eingesetzt. Die Füße werden, auch beim Laufen, nach innen gedreht, Papageien laufen also gewissermaßen »über den Onkel«. Bei der Nahrungsaufnahme wird der Fuß häufig als Hand benutzt, auch hierbei werden die Vorderzehen nach innen gedreht.

reiben sie den Puderstaub und verteilen ihn anschließend im Gefieder, allein Brust und Bauch sind ausgenommen. So wird das besonders vom Regen betroffene Gefieder geschützt. Die Gefiederpflege überträgt sich auf den Paarpartner und löst gleiches Verhalten auch bei Gruppenmitgliedern aus.

Kakadus baden gern im Regen und fliegen durch regennasses Blätterdach. Durch Kopfunterhängen an einem Ast, Flügelschlagen und Körperdrehung wird eine bessere Gefiederdurchnässung erreicht. Jeder, der Kakadus in einer Voliere pflegt, kann regenbadende Vögel meistens an der Decke hängend mit großer Freude baden sehen. Manchmal suchen auch brütende Vögel in Menschenhand zum Ende der Brutzeit Wassergefäße auf, nicht um zu baden, sondern nur um das Bauchgefieder vollständig zu durchnässen und danach in die Bruthöhle zurückzukehren. Anscheinend benötigt das Ei zum Ende seiner Bebrütung eine höhere Luftfeuchtigkeit. Auf diese Weise schafft das Weibchen das nötige Mikroklima in der Bruthöhle.

Die Art des Kopfkratzens, häufig als Kriterium für Verwandt-
schaftsbeziehungen von Vögeln bei der Einordnung in Systemati-
ken herangezogen, zeigt, daß sich die Kakadus der Unterfamilie
Cacatuinae unter dem Flügel hindurch mit dem Fuß am Kopf krat-
zen, hingegen führt der Nymphensittich diese Bewegungen allgemein über dem Flügel aus, also wie die Plattschweifsittiche *(Platy-
cercus).*

Noch ein Wort zur sozialen Gefiederpflege. Sie hat mehrere
Funktionen. Einmal dient sie der Pflege des Federkleides, das vom
Vogel selbst schlecht oder nicht erreicht werden kann und nun vom
Partner übernommen wird, andererseits trägt es zur Paarbildung
und zur Beschwichtigung in Konfliktsituationen bei. Ausgenommen den Palmkakadu *(Probosciger aterrimus),* kommt der sozialen
Gefiederpflege bei allen Kakadus große Bedeutung zu. Sie wird
häufig in artabhängiger Intensität ausgeführt. Gleichfalls ist das
Partnerfüttern ein Element der Balz, hat beschwichtigende Funktion und dient der Versorgung des brütenden Weibchens. Zum
Partnerfüttern kommt es nur während der Brutstimmung, und auch
dann nur bei solchen Arten, bei denen Weibchen und Männchen
brüten. Wenn nur das Weibchen diese Aufgabe wahrnimmt, wird
ein solches Verhalten nicht gezeigt. Allein Kakadus in Menschenhand demonstrieren manchmal auch dann das Partnerfüttern. Es
ist Ausdruck einer Verhaltensstörung. Da bei den Kakadus, bei denen nur die Weibchen brüten, das Partnerfüttern auch in der Balz
fehlt, scheint es ein ursprüngliches Verhalten ernährungsphysiolo-
gischer Bedeutung zu sein.

Imponierflüge, Imponierrufe, ruckartige Körperdrehungen, entfaltete Flügel und Aufstellen der Haube mit Signalwirkung gehören
zum agonistischen Verhalten und sind bei allen Arten ausgebildet.
Typisch ist auch das Schnabelklappern.

Dies sind nur einige Ausführungen über eine hochinteressante
Vogelgruppe, die immer wieder Menschen bei Beobachtungen in
der Natur und während der Pflege und Zucht in Menschenhand be-
geistert.

# Das Leben in der Natur

## Vorkommen

Kakadus leben in der südöstlichen Oriental-Region und in der australischen Region, nicht aber in Neuseeland. Im Norden sind sie bis einschließlich der Insel Luzon der Philippinen verbreitet, im Osten bis zur Insel Lombok von Indonesien, darüber hinaus der Salomonenkakadu bis 162° Ost auf einigen Inseln der Salomonen. Auf dem australischen Kontinent haben Rosa-, Inka-, Nacktaugenkakadu und Nymphensittich bis 113° Ost ihre Verbreitung. Im Westen drangen Rotschwanz- und Weißohr-Rabenkakadu bis 115° Ost vor. Die weiteste Verbreitung nach Süden haben Gelbohr-Rabenkakadu und Gelbhaubenkakadu genommen. Sie kommen unter anderem auf Tasmanien vor.

## Lebensräume

Das Verbreitungsgebiet der Kakadus ist bei den Arten sehr unterschiedlich groß. Abgesehen von den begrenzten Lebensräumen der Inselarten, beispielsweise Goffin's Kakadu auf den Tanimbar-Inseln und den Kai-Inseln, des Weißhaubenkakadus auf den Inseln Obi, Bacan, Halmahera, Ternata und Tidore der mittleren und nördlichen Molukken (Indonesien) und des Molukkenkakadus auf den Inseln Seram, Saparua und Haruku (südliche Molukken), gibt es in Australien Arten mit transkontinentaler Verbreitung, aber auch solche mit nur kleinem Vorkommen. Zu ersteren zählen der Rosakakadu, zu letzteren der Nasenkakadu und der Helmkakadu, außerdem die Rabenkakadus.

Kakadus sind Bewohner der Tropen und Subtropen. Die außerhalb des australischen Kontinents vorkommenden Arten gehören zu den Bewohnern der primären Regenwälder und Feuchtsavannen. Nur gelegentlich fliegen sie zur Nahrungssuche in die Trockensavannen. Die australischen Kakadus, ausgenommen der Palmkakadu als Bewohner des Regenwaldes der Kap-York-Halbinsel, sind Vögel von Trockensavannen und Dornbuschsteppen. Ihr Vor-

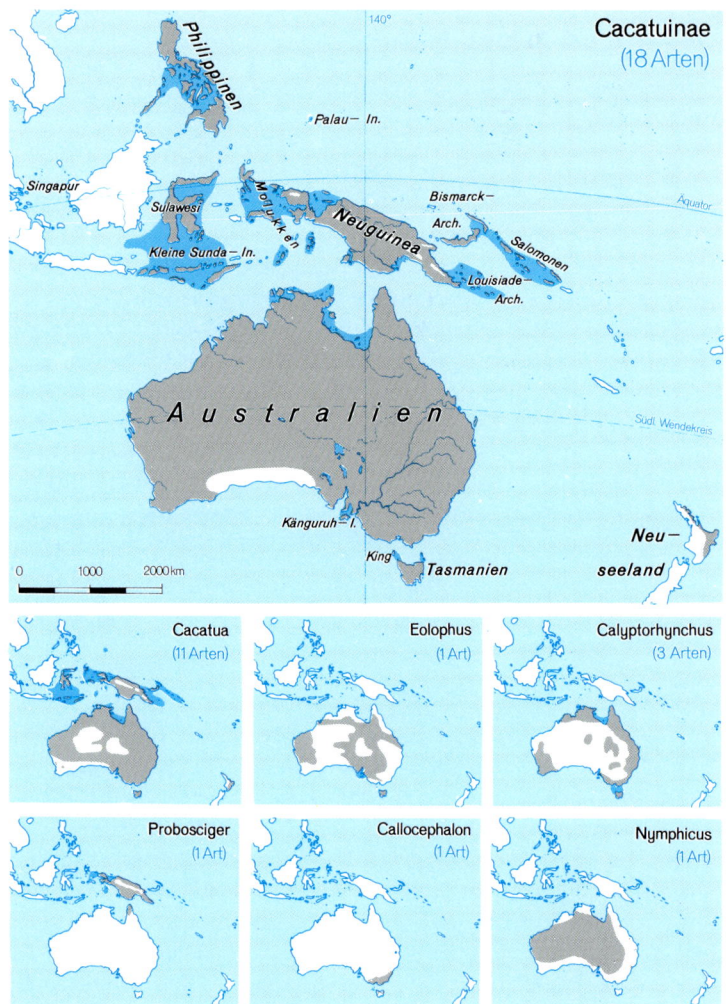

Verbreitungsgebiet der Kakadus

kommen ist sehr an das Vorhandensein von Eukalyptusbäumen *(Eucalyptus* spec.) gebunden. Neben Nahrung bieten diese Bäume schattige Ruheplätze im Blätterdach während der heißen Mittagssonne, Schlafplätze und Bruthöhlen. Einigen Arten nahm die Kultivierung der Landschaft durch den Verlust der Regenwälder den

Lebensraum, anderen kamen die landwirtschaftlichen Nutzflächen, wie beispielsweise dem Rosakakadu, so entgegen, daß sie lokal Schäden auf den Getreidefeldern anrichten und aus diesem Grund bekämpft werden.

# Gefährdung

Wie in aller Welt, sind auch die Kakadus auf den Inseln durch die Rodungen der Regenwälder lokal drastisch in ihren Beständen zurückgegangen. Auch der Handel mit den Vögeln für den Export nach Übersee trug mit zur Reduzierung bei. Manchmal wurde er aber auch erst im großen Maße möglich, wenn die Wälder großräumig den Sägen zum Opfer fielen und die Einheimischen die Papageien leicht fangen konnten. So erging es vor Jahren Goffin's Kakadu, als japanischen Firmen von der Regierung Indonesiens auf einigen Inseln der weitflächige Holzeinschlag zugebilligt wurde. Die damals zahlreich nach Europa gekommenen kleinen Kakadus hatten so wenigstens noch eine Überlebenschance in Menschenhand. Außer der Vernichtung der Wälder werden aber auch die Lebensräume Savanne durch die Nutzung für die Landwirtschaft umgewandelt. Manchen Arten wurde so die Lebensgrundlage genommen, anderen kam sie bei der Nahrungssuche mit einem überreichen Angebot entgegen, so daß sie nun als Schädlinge vom Menschen verfolgt werden.

Aus Australien und Papua-Neuguinea dürfen keine Kakadus ausgeführt werden. Das engmaschige Netz der Überwachung unterbindet auch in der Gegenwart versuchten Schmuggel. Er zieht hohe Strafen nach sich. Neben diesen nationalen Bestimmungen hat das Washingtoner Artenschutzabkommen seit seiner Gründung 1973 vor allem in den letzten Jahren weitgehend den Export von Kakadus der Inselpopulationen unterbunden. Der WWF (World Wildlife Fund) mit seinen weltweiten Aktivitäten für die Erhaltung vom Aussterben bedrohter Tiere und Pflanzen unterstützt mit vielfältigen Maßnahmen die Rettung gefährdeter Papageien. In großartiger Weise engagiert sich der Brehm Fonds in aufwendigen Freilandarbeiten und mit Zuchtprogrammen für die Erhaltung hochgradig gefährdeter Papageien. Große Aktivitäten gibt es von nationalen Naturschutzorganisationen. Die zahlreichen Nationalparks in Australien sind auch für Kakadus unberührte Lebensstätten.

Kap-York-Halbinsel, Australien. Lebensraum des Palmkakadus

Blue Mountains, Neusüdwales. In der urwüchsigen Landschaft leben Gelbohr-Raben-, Helm- und auch Rosakakadus.

Savanne mit Eukalyptusbäumen, Heimat der Gelbhauben- und Rosa-kakadus

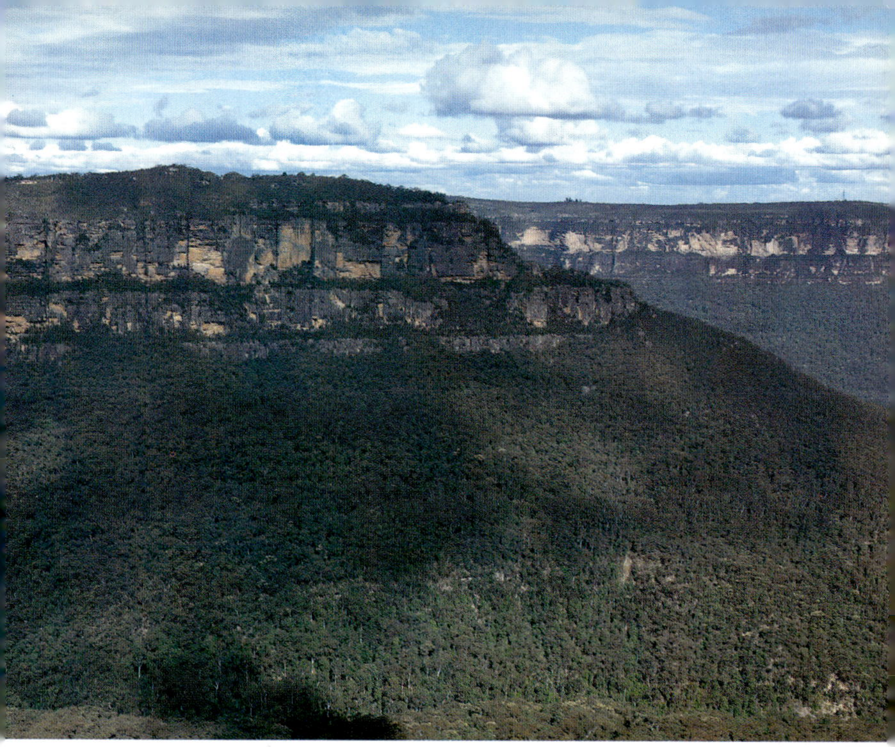

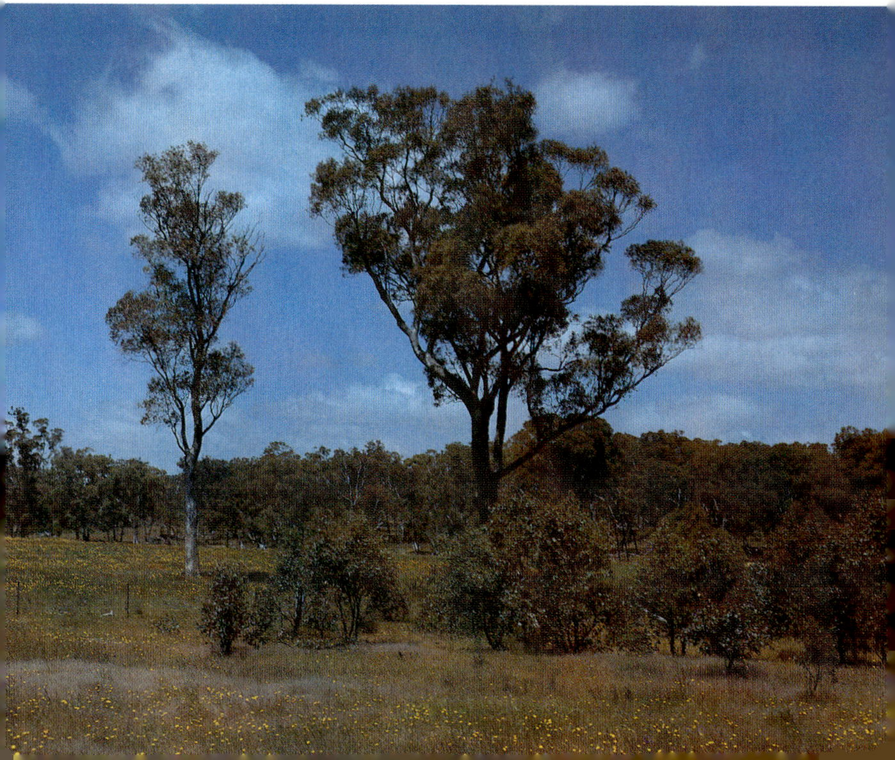

Neusüdwales. Rosakakadus an der Bruthöhle in einem Eukalyptusbaum

Zunehmend werden Naturschutzgebiete und Parks in anderen Ländern mit Beratung von Naturschutzorganisationen zur Erhaltung von Lebensräumen ausgewiesen, so in Indonesien und den Philippinen. Unterstützt werden diese Bemühungen vor allem durch Hilfeleistungen verschiedenster Art durch internationale Naturschutzorganisationen, von denen neben den oben genannten vor allem auch ICBP (The International Council for Bird Preservation), die Internationale Organisation zum Schutz der Vogelwelt, großen Anteil hat.

Die Vermehrung der Kakadus in Menschenhand, also ihre Zucht in Gehegen, mit dem vorhandenen Tiermaterial sollte noch mehr als bisher versucht werden. Auf diese Weise können die Papageienliebhaber einen guten Beitrag zur Arterhaltung leisten. Ein entsprechendes Angebot gezogener Kakadus würde die Entnahme aus der Natur überflüssig machen und dem Begehren von tierliebenden Menschen nach einem solchen attraktiven und possierlichen Hausgefährten oder Volierenbewohner Rechnung tragen.

# Lebensweise

Kakadus sind soziale Vögel. Außer während der Brutzeit, wo sie natürlich paarweise zusammenleben, bilden die meisten Arten Gruppen und Schwärme. Auch in diesen halten die Paare zusammen. Am ehesten wird es dem Betrachter bei der gegenseitigen Gefiederpflege und während des Fluges in der Gemeinschaft sichtbar. Auch noch nicht fortpflanzungsfähige Jungvögel und unverpaarte Tiere leben in Gruppen. Monatelang bleiben die Eltern mit ihren flugfähigen Jungvögeln zusammen. Diese Familienverbände bestehen wahrscheinlich bis kurz vor Beginn der neuen Brutzeit. In den Gruppen der Jugendlichen finden sich die Partner für die erste und alle nachfolgenden Bruten. Die Paare bleiben mit größter Wahrscheinlichkeit ein Leben lang zusammen. Nur bei Verlust eines Partners kommt es zur Neuverpaarung. In Abhängigkeit von den Regenfällen und dem damit verbundenen Nahrungsangebot führen Kakadus vieler Arten in Australien eine nomadische Lebensweise. Die Kakadus der offenen Landschaften haben in den Baumkronen ihre Schlafplätze. Es sind immer dieselben Bäume. Morgens fliegen sie allgemein erst zur Tränke und dann zu den nicht selten weit entfernten Nahrungsplätzen. Die heißen Tagesstunden verbringen sie im Blätterdach der Baumwipfel, wo sie sich im wesentlichen ausruhen. Die größten Aktivitäten entfalten sie nach den Ruhephasen. So nehmen sie die Gefiederpflege, die tagsüber mehrfach durchgeführt wird, ausgiebig wahr. Häufig beginnt sie mit nestelnden Schnabelbewegungen im Kleingefieder, gefolgt vom Putzen der Schwingen und Schwanzfedern. Mit zunehmenden Reibebewegungen des Kopfes und des Schnabels im Bereich der Puderdunen an den unteren Flanken wird der Puderstaub aufgenommen und auf das besonders vom Regen betroffene Gefieder, ausgenommen Brust und Bauch, verteilt. Die Gefiederpflege überträgt sich auch auf den in unmittelbarer Nähe oder dicht daneben sitzenden Paarpartner und löst dann schon nach kurzer Zeit bei allen anderen Mitgliedern der Gruppe das Putzen aus.

Kakadus baden gern im Regen und fliegen auch mit Freude durch das regennasse Blätterdach. Imponierflüge, ruckartige Körperdrehungen, Aufstellen der Haube mit Signalwirkung, entfaltete Flügel und laute Imponierrufe gehören zum typischen Verhalten der Kakadus, ebenso das Schnabelklappern. Ihre Rufe, besser gesagt ihre Schreie, schallen bei Erregung und Gefahren weithin,

Dösende Nacktaugenkakadus im schattenspendenden Blätterdach während der heißen Mittagszeit

auch sind die Kontaktrufe während des Fluges bei vielen Arten laut. Aber das Stimminventar reicht auch bis zu leisen, ja sogar wispernden Lauten. Während der Ruhephasen in den Baumkronen verhalten sich die Vögel ausgesprochen still und können so in den Baumwipfeln leicht übersehen werden. Auch bei der Nahrungsaufnahme sind kaum Stimmen zu hören. Die Gelbhaubenkakadus in Australien suchen häufig Samen, Beeren usw. auf dem Boden. Bei einer Gruppe halten wenige Vögel von hohen Bämen aus Wache und künden mit lauten Rufen die Annäherung von Menschen oder andere ungewohnte Vorgänge in der Landschaft den futtersuchenden Mitgliedern an. Diese reagieren auch sofort auf die Warnschreie, sichern vom Boden aus und flüchten ggf. bereits nach kurzer Zeit in die Kronen mit den Wächtern oder in benachbarte Bäume, um einen besseren Überblick zu haben.

Die Nahrung der Kakadus besteht aus Samen (Vögel einiger Arten verzehren Nüsse mit sehr harten Schalen), Obst, Blattknospen, auch Zwiebeln (Nasenkakadus), Insekten und deren Larven. Während der Aufzucht der Jungen ist der Bedarf an tierischer Kost deutlich erhöht, überhaupt während der Brutzeit. Kakadus schöpfen beim Trinken mit dem Unterschnabel das Wasser.

Die Brutzeiten der Kakadus richten sich im wesentlichen nach dem Beginn der Regenzeit. Außer bei den Arten in den kontinentalen Trockenzonen besteht fast ein gleichmäßiger Jahreszyklus. Bei den übrigen Kakadus schwankt die Brutperiode stark. Allgemein brüten die Vögel einmal im Jahr. In manchen Jahren treten durch ungünstige Umweltbedingungen größere Verluste auf. Die Balz verläuft in artabhängiger Unterschiedlichkeit und Intensität, ist aber im großen und ganzen durch Vorwärtsverbeugungen, gleichzeitige Imponiergänge, Zeigen von Signalfarben (beispielsweise durch Aufstellen der Federhaube oder/und Schwanzfächern) und das Ausstoßen von Tönen gekennzeichnet. Die Balzrufe werden mit dem Näherrücken der Eiablage leiser, um nicht Feinde auf die Bruthöhle aufmerksam zu machen. Zu Beginn der Brutzeit nimmt das Nagebedürfnis deutlich zu. Es erreicht wenige Tage vor der ersten Eiablage den Höhepunkt. Langjährig verpaarte Vögel kopulieren häufig ohne oder nur mit einer kurzen Balz, mitunter einige Wochen vor der Eiablage. Zum Legebeginn hin werden die Abstände der Kopulationen regelmäßiger. Das Weibchen fordert das Männchen zur Begattung auf. Niedergeduckt mit zitternden Flügelbewegungen auf einem Ast, stößt die Partnerin laute Rufe während der Kopulation aus. Diese Töne haben beschwichtigende Funktion gegenüber möglicherweise auftretenden Aggressionen des Männchens. Als Brutplatz wählen die Vögel Löcher in Baumstämmen und Ästen, der Rosakakadu lokal auch Höhlungen in Klippen. Die Paarpartner benagen den Höhleneingang und das Höhleninnere. Die Späne dienen bis auf wenige Ausnahmen als Gelegeunterlage. Abweichend von diesem brutbiologischen Verhalten sind Palm- und Rosakakadu (s. Arten). Die Gelegegröße ist artabhängig unterschiedlich. Männchen und Weibchen fast aller Arten lösen sich bei der Bebrütung ab. Die Männchen brüten allgemein von den frühen Vormittags- bis zu den späten Nachmittagsstunden. Das Weibchen widmet sich die restlichen Stunden des Tages dem Gelege. Anders verhält es sich bei den Palmkakadus *(Probosciger)* und Rabenkakadus *(Calyptorhynchus)*. Bei ihnen brütet nur das Weibchen und wird vom Männchen mit Futter versorgt.

Die Jungen erhalten in den ersten Lebenstagen nur von dem Weibchen Futter. In dieser Zeit verläßt es die Höhle selten und dann nur kurz, um den Nachwuchs nicht Feinden auszusetzen (beispielsweise Echsen, Schlangen usw.). Später beteiligt sich auch das Männchen direkt an der Fütterung der Jungvögel. Das Ausfliegen der jungen Kakadus ist natürlich artabhängig unterschiedlich (s. Arten). Nach einigen Wochen sind sie selbständig, bleiben aber trotzdem noch bei den Eltern. Die Geschlechtsreife wird bei den Arten der kleinen Kakadus nach dem 3. Lebensjahr erreicht, bei den Palm-, Rabenkakadus und den großen Eigentlichen Kakadus *(Cacatua)* wahrscheinlich erst nach Erreichen des 5. bis 6. Lebensjahres. Der Nymphensittich ist bereits nach dem 1. Lebensjahr geschlechtsreif.

# Die Pflege in Menschenhand

Einige Kakadus sind schon immer ausgesprochen beliebte Hausgefährten, neben dem Rosakakadu *(Eolophus roseicapillus)* vor allem Arten der Eigentlichen Kakadus *(Cacatua)*. Besonders eng schließen sich handaufgezogene und frühzeitig als Einzelvögel gehaltene Jungtiere dem Pfleger an. Ihr Kontaktbedürfnis ist ausgesprochen groß. Vor der Anschaffung des neuen Familienmitgliedes sollte man sich deshalb fragen: Steht täglich wirklich so viel Zeit zur Verfügung? Und wird die Zuneigung zum Vogel von Dauer sein?, denn Kakadus können ein hohes Alter (bis zu mehrere Jahrzehnte)

Einheimischer mit Tritonkakadu in Papua-Neuguinea

Mehrere Arten der Kakadus sind sehr anhänglich und besonders begehrte Gefährten des Menschen. Der beliebteste Hausgefährte ist der Rosakakadu.

Die Pflege in Menschenhand    23

erreichen. Ein vernachlässigter Kakadu wird meistens durch seine Stimme in der Wohnung bald unerträglich. Oft zeigt er Aggressionsverhalten oder verfällt in einen Zustand der Stumpfsinnigkeit. Nicht selten wird er zum Rupfer, ein Mangel, der unter diesen Bedingungen in alter Umgebung kaum mehr zu beheben ist. Dann helfen auch Zuwendungen nur noch selten. Solche bedauernswerten Vögel werden verkauft und verkauft und weiter verkauft. Die Verhaltensstörungen nehmen zu. Das ist nicht Sinn der Papageienliebhaberei. Wer nicht sein ganzes Herz und seine Freizeit dem Vogel widmen kann oder möchte, der sollte besser auf die Haltung eines Kakadus in der Wohnung verzichten. Kakadus können in Menschenhand bis zu 40 Jahre alt werden. Von einzelnen Vögeln ist ein noch höheres Alter bekannt.

## Unterbringung

*Käfige*

Will man einen Kakadu als Hausgefährten halten, sollte ihm ein möglichst großer Käfig geboten werden. Hohe Käfige mit kreisförmigem Boden als Ampel oder Ständer sind bei aller Attraktivität

Papageienkäfig

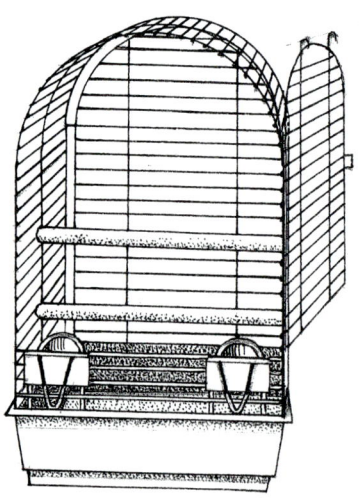

Beschnittener linker Flügel von unten. Die 3 äußersten Schwingen bleiben erhalten, die nächsten 9 werden gekürzt. Damit der Vogel nicht verunglückt, werden stets beide Flügel verschnitten.

ungeeignet. Außerdem ist der tägliche Aufenthalt auf einem Kletterbaum oder Bügel zu gewährleisten. Um den Kakadu an diesen Platz zu binden, werden ihm außer den drei äußersten Handschwingen alle übrigen Schwingen nur eines Flügels gekürzt. Die Ankettung ist Tierquälerei. Die Nacht verbringt der Kakadu im Käfig, der wegen des hohen Nagebedürfnisses vollständig aus Metall

Papageienständer

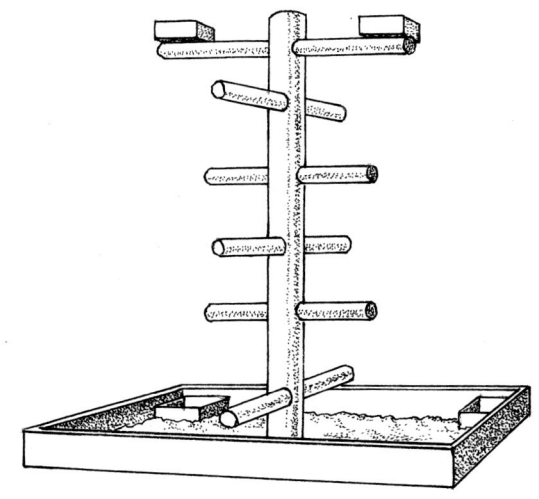

sein sollte. Besonderer Wert muß auf einen sicheren Verschluß der Käfigtür gelegt werden. Am besten wird gleich ein Vorhängeschloß verwendet. Die üblichen Verriegelungen an den Käfigen öffnet der Vogel bald mit Leichtigkeit. Starke Sitzhölzer sind am besten aus Hartholz, anderenfalls macht sich eine baldige Erneuerung notwendig. Metallische Sitzgelegenheiten sind abzulehnen. Die Futter- und Tränkgefäße müssen stabil angebracht werden. Als Bodenbelag verwendet man Sand.

*Volieren*

Kakadus können auch gut in Zimmervolieren gepflegt werden. Diese Form der Unterbringung wird allerdings aus Platzgründen selten in Betracht kommen. Die beste Haltung erfolgt in einer Freivoliere mit anschließendem frostfreiem Schutzraum. Eine warme Unterbringung ist nicht notwendig. Bei vielen Vögeln hat man den Eindruck, daß sie sich bei kühleren Temperaturen weit wohler füh-

Blick auf einen Teil der Papageienanlage im Vogelpark Walsrode. Hier werden Paare mehrerer Arten gepflegt und gezüchtet.

Ausschnitt der Zuchtanlage »Voliere« von Dr. Burkard, Baar in der Schweiz. Um dem Territorialverhalten der Kakadu-Paare Rechnung zu tragen, sind die Paare gleicher Art in der gesamten Anlage verteilt.

len, vor allem, daß eine bessere Brutstimulierung erreicht wird. Der Größe von Außengehegen sind in der Weitflächigkeit keine Grenzen gesetzt. Die Höhe sollte beim privaten Liebhaber 2,5 bis 3 m nicht überschreiten. Die Mindestmaße sind bei den Arten genannt. Der anschließende Innenraum ist durch eine Ausflugklappe mit der Außenvoliere verbunden. Wegen der Aggressivität einiger Männchen der Eigentlichen Kakadus *(Cacatua)* während der Brutzeit gegenüber dem Weibchen – nicht selten mit Todesfolge – empfiehlt sich eine weitere Klappe im unteren Viertel der Trennwand, um so eine Alternative zur Blockierung des einzigen Fluchtweges durch den »wilden« Partner zu bieten. Der Innenraum hat allgemein die Breite des Außenraumes und braucht für die kleineren Arten nur eine Tiefe von 2 m zu haben, für die größeren 3 bis 4 m. Für die Höhe reichen 2 m. Das Nagebedürfnis mit dem kräftigen Schnabel ist groß. Holzteile im Gehege sind meistens bald zerstört. Es kommt also nur eine Voliere aus Ganzmetall mit einer Drahtstärke von 2 bis 3 mm für die Unterbringung in Betracht. Verzinkte Rahmenkonstruktionen sind viele Jahre wartungsfrei. Hartaluminium-Rahmen bedürfen keiner Wartung, sind aber nicht billig. Das hintere Viertel bis Drittel des Außengeheges wird überdacht, am besten mit lichtdurchlässigem Material. Darunter befindet sich der eine der beiden dicken Sitzäste, der andere im vorderen Viertel. Weitere Äste oder Sitzstangen sind nicht notwendig. Unter diesen Sitzgelegenheiten verläuft ein Betonstreifen mit Gefälle zum mittleren Teil der Voliere, der schichtweise mit unterschiedlich grobem Kies aufgefüllt wird. So läßt sich der Kot leicht mit einem Schlauch oder einer Hochdruckwasserspritze entfernen. Vor und nach der Brutzeit wird das Kiesbett entfernt und durch ein neues ersetzt. Vorher führt man eine Wurmkur gegen Darmparasiten durch.

Körner-, Keim-, Obst- und Weichfutter, außerdem Broilerknochen, Babymäuse und anderes tierisches Futter, gleichfalls Gemüse, halbreife Samenstände, Pellets und Mineralstoffutter werden stets im Innenraum geboten. Grünfutter kann man sowohl hier als auch an der Frontseite der Außenvoliere durch eine Klappe reichen, ebenso aufgespießte Äpfel, Maisstücken usw. Der Bodenbelag im Innenraum besteht aus wenig Sand und ist regelmäßig auszuwechseln.

*Hochgehege*

Die Hochgehege sind eine ungewöhnliche Form der Papageienhaltung, die vor allem in den USA praktiziert wird, in neuerer Zeit aber zunehmend auch in Europa Einzug hält. Sie eignet sich allerdings nur für kleine und mittelgroße Kakadus. Bei Zuchtabsichten sind solche Gehege raumsparend und erfordern einen geringeren Wartungsaufwand. Wegen der klimatischen Verhältnisse macht sich in Europa, ausgenommen im Süden, der Anschluß an einen Innenraum notwendig.

Hochgehege bestehen allseitig aus einem Drahtgitter von wenigstens 1,5 m Breite, 3 bis 6 m Länge und ca. 1,5 m Höhe. Sie sind mindestens 1 m hoch über dem Boden aufgestellt oder an einem Rahmen aufgehängt. Letztere Variante ist günstiger, da sich für Pflegearbeiten die Gehege leicht austauschen lassen. So hat der Vogelpark Walsrode in seiner Zuchtstation Ornis Mallorca auf der Insel Mallorca fast 200 Hochgehege für Papageien an Rahmen hän-

gend mit einer Teilüberdachung (hier ist der Brutkasten) und einer
Beregnungsanlage. Unter dem Gehege befindet sich eine Betonflä-
che oder Sand, so daß Kot und Futterreste leicht entfernt werden
können. Die Frontseite der Hochgehege, häufig batterieförmig mit
doppelt bespannten Drahtwänden oder bei Auswechselbarkeit mit
einem Abstand von ungefähr 10 cm angeordnet (bei Doppelbespan-
nung ca. 5 cm) kann eine Heckenbepflanzung vor der Anlage erhalten, womit der Rahmen auf natürliche Weise verdeckt wird. Im
Hochgehege werden 2 bis 4 Sitzstangen angebracht.

Voraussetzung für eine gesunde Entwicklung der Vögel ist das
Aufstellen einer Schale mit einem Sand-Erde-Gemisch. Der Fut-
terplatz und die Bruthöhle liegen im Innenraum, der durch ein
Oberlicht oder ein Fenster Tageslicht erhält.

## Vergesellschaftung

Kakadus sollten wegen ihres ausgeprägten Geselligkeitstriebs nicht
allein gehalten werden. Ein Partner, der auch einer anderen Art
oder Unterart angehören kann, vermeidet Verhaltensstörungen.
Jungvögel können und sollten in größeren Gehegen gemeinsam
aufgezogen werden, möglichst mehrere einer Art, damit sich die
Paare optimal finden können. Allgemein nach dem 2., spätestens
3. Lebensjahr werden die gefundenen Paare gesondert und allein
gehalten. Eine Vergesellschaftung mit anderen gleichgroßen Papageien ist nur in geräumigen Gehegen während der Jugendzeit möglich. Zur Brut wird immer ein Paar allein beherbergt, denn das ausgeprägte Territorialverhalten der Kakadus während der Brutzeit
birgt die Gefahr, daß selbst größere Sittiche, die sich im gleichen
Gehege aufhalten, plötzlich getötet werden. Nymphensittiche bilden eine Ausnahme (s. dort).

## Ernährung

Die Ernährung der Kakadus darf nicht fetthaltig sein, um Leber-
schäden zu vermeiden. Sie muß aus einer abwechslungsreichen
Kost bestehen. In regelmäßigen Abständen erhalten die Vögel frische Zweige und Äste nicht nur zum Benagen, sondern auch um
dem Bedürfnis Rechnung zu tragen, den Bast unter der Rinde, vor

allem von Weiden und Birken, zu verzehren. Er enthält Vitamine und Mineralstoffe. Die Fütterung erfolgt einmal täglich.

*Körnerfutter*

Kakadus erhalten als Körnerfutter verschiedene Hirsesorten, Glanz, Buchweizen, kaum trockene Sonnenblumenkerne, etwas Hanf und wenige Nüsse als Leckerbissen. Das alles wird als Gemisch geboten. Artabhängig und individuell unterschiedlich werden bestimmte Samen bevorzugt aufgenommen. Um eine ausgewogene Kost zu bieten, mischt man sich das Futter am besten selbst.

*Keimfutter*

Obiges Körnerfutter wird in gekeimtem Zustand gereicht. Je nach Wärme im Raum müssen die Körner 1 bis 2 Tage in wenig Wasser eingeweicht werden und anschließend in einem Durchschlag oder Sieb noch einen Tag keimen. Nach der Spülung unter fließendem Wasser kann das Futter geboten werden. Die Kakadus erhalten es ganzjährig, aber in deutlich unterschiedlicher Menge.

*Obst*

Als Früchte bekommen Kakadus vor allem Äpfel, Hagebutten (besonders von Apfelrosen), Birnen, Himbeeren, Erdbeeren und anderes Obst entsprechend dem jahreszeitlichen Angebot. Falls sie die Früchte verschmähen, werden diese nicht gesondert gereicht, sondern unter das Keimfutter gemischt. Halbierte Äpfel werden am besten aufgespießt. Größeres Obst wird in Stücke geschnitten, die der Kakadu mit einem Fuß zum Schnabel führt. Obst und Keimfutter sind täglich frisch zu reichen, die Näpfe gründlich zu säubern und zu desinfizieren (Wechselnäpfe). Futterreste im Käfig oder Innenraum müssen täglich entfernt werden, denn sie verderben schnell und haben bald schimmelige Beläge. Spuren von Pilzen können selbst in geräumigen Volieren leicht zu Infektionen führen.

*Gemüse*

Täglich erhalten Kakadus Möhren. Sehr gern werden auch Gurken, Zucchini, Auberginen und vor allem Sellerie verzehrt. Besondere Leckerbissen im Frühjahr sind die Wurzeln des Löwenzahns, insbesondere für den Nasenkakadu *(Cacatua tenuirostris)*. Erbsenschoten und grüne Bohnen (für den Winter einfrieren), Fenchel, rote Beete usw. finden gleichfalls viel Beachtung.

*Grünfutter*

Samenstände von Gräsern und Kräutern, Vogelmiere, Löwenzahn, Disteln, Mangold und Knöterich gehören wie auch andere Grünpflanzen zur breiten Palette. Salat sollte nur in geringen Mengen geboten werden. Wie schon gesagt, kann die Fütterung gut an der Vorderseite des Außengeheges erfolgen.

*Tierisches Futter*

Proteine spielen bei den meisten Kakadus eine viel größere Rolle als man allgemein annimmt. Die Vögel benagen die Bruthöhle nicht nur, um sie nach ihren Vorstellungen zu gestalten, sondern suchen dabei auch in dem morschen Holz nach Insekten und Larven. Kakadus nehmen rohes, gehacktes Fleisch meistens erst nach längerer Angewöhnung. Man legt es am besten auf ihr Lieblingsfutter. Wöchentlich erhalten sie ein- bis zweimal Hühnerknochen mit etwas Fleisch von Broilern oder Suppenhühnern. Beides verzehren sie leidenschaftlich gern, besonders das Knochenmark. Nur die Palmkakadus machen eine Ausnahme. Sie sind mehr Vegetarier. Kakadus erhalten außerdem regelmäßig Pellets für Hunde und Katzen (Fleisch und Fisch) oder Altweltaffenfutter-Pellets sowie Pellets für Legehühner, alles in einer gesonderten Schale. Besondere Leckerbissen stellen 2 bis 3 Tage alte, nackte Mäuse dar. Bei ihrer Verfütterung ist aber Vorsicht geboten, da oft der Bruttrieb zu stark geweckt wird und zu größerer Aggressivität führen kann. Aus dem Grund erhalten die dazu neigenden Arten Inka-, Rotsteiß- und Salomonenkakadu keine Babymäuse. Auch muß bedacht werden, daß rohes Fleisch schnell verdirbt, besonders während der heißen Jahreszeit. Besser wird gekochtes, geschnittenes Hühnerfleisch verfüttert. Außerdem lieben Kakadus Käse, Quark und Joghurt. Mehlkäferlarven, die in der Vergangenheit nicht selten von Züchtern gefüttert wurden, gehören nicht zur Kost, da sie die Vögel im Bruttrieb zu stark »antreiben«.

*Mineralstoffe*

Es gibt mehrere Möglichkeiten, Kakadus regelmäßig Mineralstoffe als Granulat zu füttern. Das im Handel angebotene Pulver kann täglich unter das Weichfutter gemischt oder als Granulat in einer gesonderten Futterschale geboten werden. Die beste Form sind Mineralsteine, die der Handel je nach Größe des Kakadus in unterschiedlicher Körnung anbietet. Diese Steine sind am besten in den angebotenen Halterungen mit Auffangschale anzubringen, damit abgeknabberte Stücke nicht verlorengehen. Während der Jungenaufzucht wird aber stets ein pulverisiertes Mineralstoffgemisch mit dem Weichfutter verabreicht.

*Vitamine*

Bei reichlicher Gemüse-, Obst-, und Grünfütterung mit regelmäßigem Angebot frischer Zweige macht sich eine Zufütterung von Multivitaminpräparaten nur in geringem Maße notwendig. Normalerweise reicht eine zweimalige Gabe pro Woche. Ausgenommen ist die Brutzeit, in der die Vögel täglich Multivitaminpräparate erhalten, am günstigsten in pulverisierter Form über das Keimfutter.

*Wasser*

Die Vögel bekommen täglich einmal frisches Wasser in einem großen Trinkgefäß. Ein täglich etwa 10minütiges Regenbad über eine Beregnungsanlage auf der Außenanlage führt über die Tropfen am Gitter ebenfalls zum Flüssigkeitsangebot für die Vögel. Während der Jungenaufzucht ist der Wasserverbrauch doppelt bis dreifach so hoch wie in der übrigen Jahreszeit.

*Zusammensetzung des Futters im Jahresablauf*

Vom späten Herbst bis in das Frühjahr hinein werden 50 % trockenes Körnerfutter als Grundfutter, 25 % Keim- und 25 % Früchte- und Gemüsefutter gereicht. 4 bis 6 Wochen vor und dann nach der Brutzeit bis zur Mauser wird das Keimfutter auf 40 % erhöht und entsprechend das Grundfutter reduziert. In der Zeit der Jungenaufzucht bekommen Zuchtpaare kein trockenes Körnerfutter, sondern nur Keimfutter. Altweltaffenfutter-, Hunde- und Katzenpellets erhalten Kakadus gesondert ganzjährig in Näpfen. Über das ganze Jahr werden Broilerknochen mit Fleisch gefüttert, allerdings nur zweimal wöchentlich. Auch nur zweimal in der Woche erhalten die Vögel während der Brutvorbereitung pro Paar 2 bis 3 Babymäuse. Zur Zeit der Jungenaufzucht füttert Dr. Burkard, Baar in der Schweiz, der fast alle Kakadus gezogen hat, täglich bis zu vier nackte Mäuse.

Das tägliche Menü muß vielseitig und visuell ansprechend sein, denn Kakadus lieben die Abwechslung. Bei den Zuchtpaaren gestaltet sich die Aufzucht problemlos mit einem überreichlichen

Futterangebot. Die Höhlenhocker werden dann sehr gut von den Eltern versorgt und tägliche Nachfütterung per Hand entfällt. Der Erfolg spiegelt sich auch in kräftigen Jungtieren wider. Die Altvögel scheinen viel Futter wegwerfen zu müssen, um richtig stimuliert zu sein, ohne dabei bestimmte Futterstoffe zu bevorzugen. Manche Paare nehmen in dieser Zeit reichlich Eiaufzuchtfutter. Sie verzehren dann ein halbes hartgekochtes Ei jeden zweiten Tag. Allgemein gilt ihre Vorliebe Grünem und Obst, auch eingeweichtem hartem Brot. Hirsekolben fressen sie gern und viel, vor allem in den ersten zehn Lebenstagen.

Arttypische Besonderheiten sind bei den Arten aufgeführt.

# Zucht

*Geschlechtsbestimmung*

Bis auf wenige Ausnahmen (z. B. Helmkakadu, Nymphensittich) können äußerlich die Geschlechter nicht unterschieden werden. Die in früheren Jahren herangezogene Form von Kopf und Schnabel gibt keine Hinweise zum Geschlecht. Auch das Verhalten vermeintlicher Paarpartner führt nicht selten zu Fehleinschätzungen. Die eng soziale Gefiederpflege, wie sie sonst nur unter Paaren üblich ist, erwies sich schon manchmal als Trugschluß. Es gibt genügend Beispiele von Kopulationen vor und während der Brutzeit, wobei sich der »begattete« Vogel ebenfalls als Männchen erwies.

In der Gegenwart ist die sicherste Geschlechtsbestimmung eine endoskopische Untersuchung von einem erfahrenen Tierarzt. Die Fehlerquote ist praktisch fast Null. Der Vorzug einer endoskopischen Geschlechtsbestimmung liegt auch in der frühzeitigen Kenntnis, ob man ein Männchen oder Weibchen besitzt. Einige Wochen nach der Selbständigkeit kann bei den meisten Jungvögeln bereits eine sichere Aussage gemacht werden. Obendrein gibt die Endoskopie Aufschluß über Aussehen und Größe von Eierstöcken bzw. Hoden, über den Reifezustand der Follikel, auch ob Verfettungen, Pilzerkrankungen und Verwachsungen vorliegen.

Die Kennzeichnung der Geschlechter erfolgt meistens noch durch Fußringe. Ein sicherer und unverletzter Ringverschluß mit entsprechender Ringnummer dient beispielsweise in der Schweiz auch gleichzeitig als rechtmäßiger Nachweis im Zusammenhang mit vorliegenden Papieren (CITES usw.). Um eine lebenslange sichere Identifikation eines Vogels zu gewährleisten, also um Schmuggel, Diebstähle und Verwechslung in der eigenen Anlage nach Entfernung des Ringes (z. B. wegen Unfallgefahr, Erkrankungen) zu verhindern, wird in einigen Ländern ein winziger Chip mit Nummer und Geschlecht unter die Haut im Nacken des Vogels implantiert. Danach ist er am lebenden Tier unauffindbar. Mit einem besonderen Gerät können diese Daten abgelesen werden. Mit untrüglicher Sicherheit hat der Vogel seinen »Ausweis«. Eine genaue Überprüfung des Tieres ist jederzeit möglich. Dieser Methode der Kennzeichnung gehört die Zukunft.

*Brutzeit*

Zur Brut wird ein Paar Kakadus stets allein untergebracht. Durch eine gezielte Fütterung kann eine wesentliche Brutstimulierung erreicht werden. Einige Wochen vor der Brutzeit erhöht man deshalb den Anteil des Keimfutters, vor allem den Anteil der tierischen Proteine. Häufige Beobachtungen sind nunmehr notwendig, auch noch während der Zeit der Bebrütung und der Fütterung der kleinen Jungvögel. Die reichlichen Gaben tierischen Eiweißes sind möglichst genau zu bemessen, da sie durch den verstärkten Bruttrieb leicht zu einer Aggression des Männchens gegenüber dem Weibchen führen können. Die richtige Menge dieses Futteranteils kann nur durch Beobachtungen eingeschätzt und danach bemessen werden. Der Züchter braucht also viel Einfühlungsvermögen, um rechtzeitig solche Aggressionstendenzen zu erkennen.

Das Kürzen jeder zweiten Schwinge beim Männchen mindert die häufig überfallartigen Angriffe. Als gute vorbeugende Maßnahme wurde bereits ein zweiter Ausflug zwischen Außen- und Innenraum dicht über dem Boden als Fluchtweg für das bedrängte Weibchen genannt.

Die Kakadus wählen als Brutplatz sowohl Höhlen in Baumstämmen als auch Kästen aus Hartholz, die am besten Längs- oder Schrägkästen sind. Bewährt hat sich auch ein Längskasten in L-Form, in dessen kurzem Schenkel dann die Gelegemulde angelegt wird. Der Bodenbelag besteht aus Holzmulm. Höhlen und Kästen müssen immer starkwandig sein, denn die Kakadus nagen tüchtig. Sie werden für störanfällige Vögel im Innenraum plaziert, für andere können sie auch an der Trennwand zwischen Innen- und Außenvoliere ihren Platz finden. Man kann auch jeweils an einem dieser Standorte einen Brutplatz anbringen.

Palm-, Rosa- und auch Nacktaugenkakadus erhalten regelmäßig frische Zweige von Weiden, Pappeln, Obstbäumen oder anderen weichen, aber stets frischen Hölzern, damit sie Nistmaterial eintragen können. Ein reichliches Angebot Wochen vor der Brutzeit stimuliert die Paare wesentlich. Auch alle übrigen Kakadus erhalten mehrmals wöchentlich frische Zweige zum Benagen, jedoch sind nicht diese Mengen notwendig. Allgemein balzen die Vögel laut, vor allem in den Morgen- und Abendstunden. Nach der Eiablage verhalten sie sich recht still, um natürliche Feinde (in der Natur) nicht auf den Brutplatz aufmerksam zu machen. Die großen Kakadus ziehen häufig nur das erstgeschlüpfte Junge auf, das nächste hat nur eine Ersatzfunktion. Aus diesem Grund sollte man das zweite Ei gleich Ammen oder einer Brutmaschine anvertrauen. Die Ablösung des brütenden Partners erfolgt immer in der Höhle. Das Weibchen hudert die ersten Lebenstage und füttert in dieser Zeit den Nachwuchs allein. Nur kurze Zeit verläßt es die Höhle. Später ist auch das Männchen an der Fütterung des Nachwuchses beteiligt. Die Futterübergabe vollzieht sich folgendermaßen: Der Altvogel umfaßt mit seinem Schnabel den des Jungvogels und zieht dessen Kopf und Hals nach oben. Dabei führt er schnelle, rhythmische Bewegungen aus. Der Jungvogel gibt im gleichen Rhythmus Bettellaute von sich. Sie klingen anfangs piepsend und werden mit zunehmendem Alter schreiend. Auch nach dem Ausfliegen wird bei der Jungenfütterung dieses Verhalten gezeigt.

Während der Brutzeit sind Störungen innerhalb der Anlage unbedingt zu vermeiden. Bei den meisten Arten gestalten sich Höhlenkontrollen sehr schwierig; sie dürfen keinesfalls erzwungen werden. Die beste Möglichkeit besteht dann, wenn der Vogel das Gelege oder die Jungen verlassen hat und die Außenvoliere aufsucht. Durch den Ausflugschieber ist dann eine gute Trennung von Innen- und Außenraum und somit eine Höhlenkontrolle in aller Ruhe gewährleistet. Die bei der Ernährung genannten Gesichtspunkte gilt es zu berücksichtigen. Auch bei den Arten werden die beachtenswerten Besonderheiten aufgeführt.

Allgemein ist die Zeit des erstmaligen Höhlenverlassens für viele Jungvögel eine kritische Zeit (Flugfähigkeit, ausreichend Fütterung, Aggressionen des Vaters usw.). Eine besonders sorgfältige Beobachtung ist dann erforderlich. Sie muß aber so erfolgen, daß die Altvögel in der Betreuung ihres Nachwuchses in keiner Weise beunruhigt werden. Nach der Selbständigkeit der Jungvögel entschei-

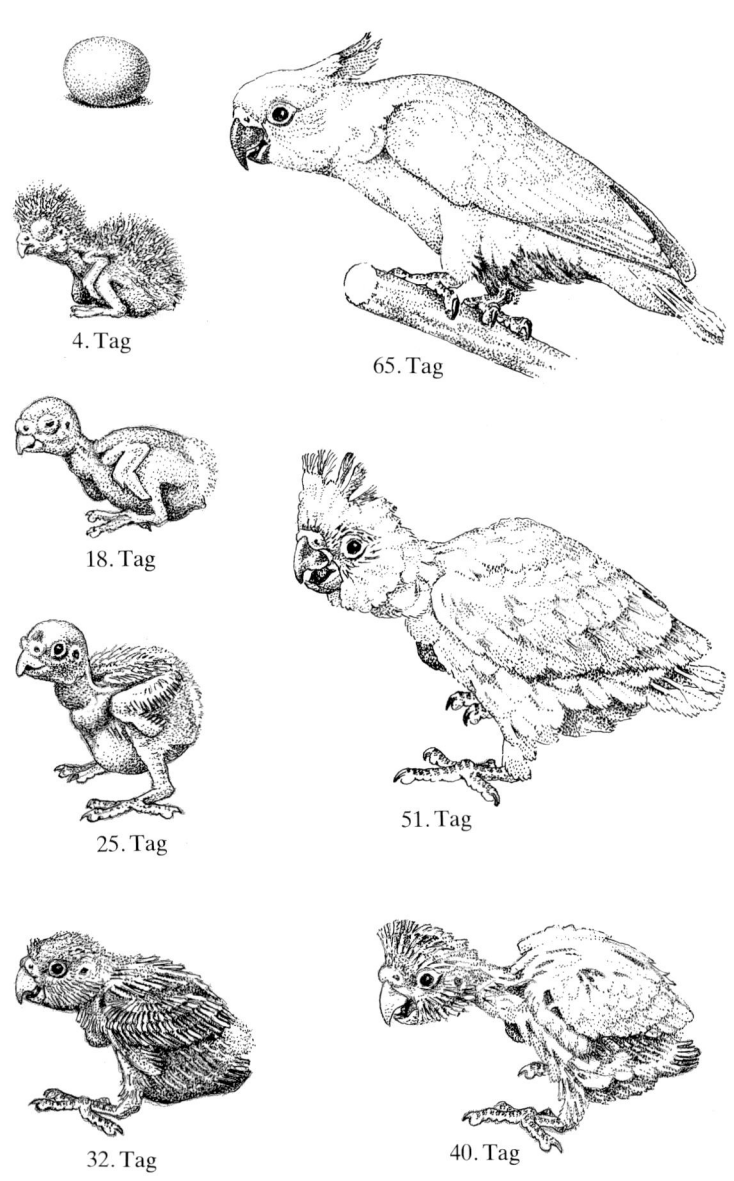

4. Tag

65. Tag

18. Tag

51. Tag

25. Tag

32. Tag

40. Tag

Entwicklung eines Jungvogels (Gelbhaubenkakadu)

Gelbhaubenkakadu-♂ füttert ausgeflogenen Jungvogel

Zur Abbildung auf Seite 36:
Papageieneier sind rundlich und weiß – sie gleichen Euleneiern.
 4. Tag: lange, gelbe Primärdunen,
18. Tag: Primärdunen abgestoßen, Augenöffnung beginnt,
25. Tag: Federkiele durchbrechen die Haut,
32. Tag: Federkiele beherrschen das Aussehen (Igelstadium),
40. Tag: Haubenfedern sind deutlich sichtbar,
51. Tag: Befiederung fast vollständig, endgültiges Gewicht fast erreicht,
65. Tag: Der Jungvogel ist ausgeflogen, wird noch gefüttert.

det Harmonie über das Zusammenbleiben des Familienverbandes. Allgemein ist aber eine Trennung des Nachwuchses von den Altvögeln spätestens 3 bis 4 Wochen nachdem sie futterfest sind, zu empfehlen. Die Jungen kommen dann in eine möglichst große Voliere, auch mit anderen jungen Papageien zusammen, wo sie sich durch fleißiges Fliegen körperlich optimal entwickeln können.

*Aufzucht ohne Eltern*

Die elternfremde Aufzucht kann von der Bebrütung eines Eies bzw. Geleges über Ammen bis hin zur vollständigen oder teilweisen Handaufzucht reichen. Als Ammen für seltene Kakadus kom-

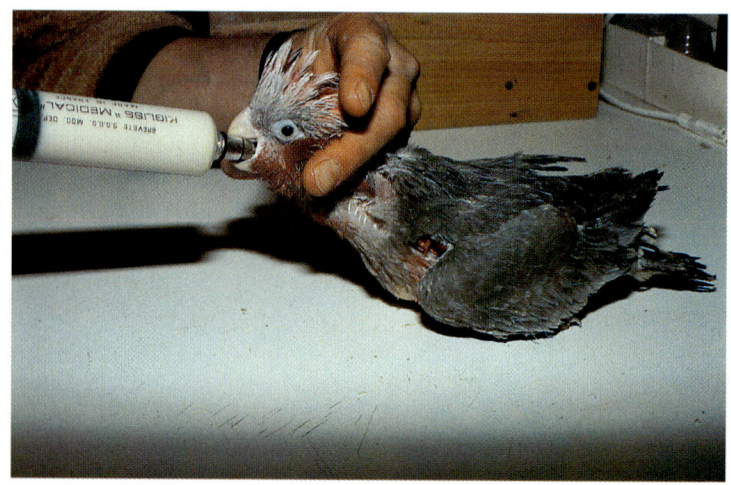

Handaufzucht eines Rosakakadus mittels Spritze und Kropfsonde

men erfolgreiche Brutpaare anderer Kakadu-Arten in Frage. Es sind die besten Ammen. Auch der Nymphensittich (siehe dort) hat sich für das Ausbrüten und die Jungenaufzucht in den ersten Lebenstagen gut bewährt.

Am besten wird das Ei oder ein ganzes Gelege den Ammenvögeln untergelegt. Die eigenen Eier sind zu entfernen bzw. bei einem Fremd-Ei bleibt ein unbefruchtetes als »Beigabe«.

Nicht immer stehen Ammen zur Verfügung. In solchen Fällen hat auch der Einsatz einer Brutmaschine schon gute Erfolge gebracht. Allerdings ist dazu eine Portion praktischer Erfahrungen notwendig, und die ersten Lebenstage der Handaufzucht sind für den Anfänger nicht leicht zu bewältigen. Einer Teilaufzucht durch Ammen ist deshalb immer der Vorzug zu geben. Die Bruttemperatur in der Maschine beträgt anfangs 38 °C und wird bis zum Schlupf langsam auf 40 °C gesteigert. Die relative Luftfeuchtigkeit liegt zwischen 70 und 80 %. Auch diese wird am Tag vor dem Schlupf erhöht. Vor allem eine gute Belüftung ist notwendig. Die Eier werden zweimal am Tag gewendet. Sie dürfen nicht auskühlen, da bei einer Naturbrut die Ablösung ohne Pause vorgenommen wird. Embryonen werden durch Zugluft und Geräusche des Dauerventilators geschädigt.

Ungefähr 12 Stunden nach dem Schlupf beginnt die künstliche

Aufzucht. Auf Zellstoff in einer Futterschale im Wärmeinkubator lebt der kleine Kakadu bei etwa 27 °C. Allgemein wird den Jungen bis zum 20., spätestens bis zum 30. Lebenstag das Futter über eine Einwegspritze mit einem aufgesetzten Gummischlauch oder eine metallene, leicht gebogene Sonde in den Kropf gespritzt. In den folgenden Wochen erhalten die Jungkakadus das Futter vom Löffel. Die Umstellung bereitet nicht selten Schwierigkeiten. Es gibt zahlreiche Futterrezepte für die Aufzucht. Der dünnflüssige Brei wird mit zunehmendem Alter der Jungen dicker und erhält Beigaben von Möhren, zerkleinertem Hühnerei, Äpfeln, gemahlenen Körnern, später auch geschälte Hirse, deren Anteil von Tag zu Tag erhöht wird. Der Futterbrei für Spritze bzw. Löffel besteht aus Getreideschleim und Traubenzucker oder im Handel erhältlichem Kindernahrungsbrei mit Futterkalk und einigen Tropfen eines Multivitaminpräparates. Das alles wird in einem Mixer püriert und vor allem für die Spritze möglichst dünnflüssig gehalten. In der ersten Zeit erfolgt die Fütterung im zweistündigen Abstand zwischen 6 und 22 Uhr. Kleine Kakadus haben einen großen Flüssigkeitsbedarf, so daß sich auch noch nachts Fütterungen mit dem gleichen Abstand notwendig machen. Ein Mangel an Flüssigkeit wird an der runzligen Haut sichtbar. Als Kriterium für die ausreichend zugeführte Breimenge gilt der Füllungszustand des Kropfes. Er darf keinesfalls zu prall gefüllt sein, etwas weniger ist immer besser. Nach jeder Fütterung nimmt man den Schnabel zwischen Daumen und Zeigefinger. Mit schnellen, ruckartigen Bewegungen wird die natürliche Fütterung durch die Altvögel nachgeahmt.

Aufgehängte Kolbenhirse und angebotenes Obst (z. B. aufgespießte halbierte Äpfel) dienen dem leichten Übergang zur selbständigen Futteraufnahme.

Gar nicht so selten macht sich eine tägliche Zufütterung von vernachlässigten Jungen in der Bruthöhle notwendig, erkennbar durch eine engmaschige Kontrolle des Füllungszustandes des Kropfes. Jungvögel solcher Paare erhalten am späten Abend immer noch eine Mahlzeit über die Kropfsonde verabreicht.

Abschließend noch ein Rat aus eigener Praxis. Die Manipulationen bei der Handaufzucht, vor allem bei kleinen Jungvögeln, sind nicht einfach. Erfahrungen und Fingerfertigkeit gehören dazu. Besonders die Fütterungsmethoden sollte man sich zuerst einmal von einem erfahrenen Papageien-Züchter, der in der künstlichen Aufzucht auf Erfolge verweisen kann, zeigen lassen.

# Die Arten der Kakadus

## Unterfamilie Kakadus – Cacatuinae

### Gattung Palmkakadus *(Probosciger)*
1 Art

#### Palmkakadu *(Probosciger aterrimus)*

Männchen und Weibchen schwarz, gleichfalls die aus schmalen, langen Federn bestehende Haube. Wangenhaut von der Wurzel des Unterschnabels und teilweise des Oberschnabels bis zum Auge nackt und unterschiedlich rot (kein Geschlechtshinweis). Iris dunkelbraun, Schnabel schwarzgrau. Bei Jungvögeln Unterflügeldekken blaßgelb gefleckt. Schnabel hornfarben bis hellgrau. Länge 60 cm. 3 Unterarten. Die Vögel der verschiedenen Unterarten zeigen deutliche Gewichtsunterschiede. Männchen von *P. a. aterrimus* wiegen etwa 780 g, Männchen von *P. a. goliath* etwa 1 250 g, ein erwachsenes Weibchen 1 070 g. Meistens sind die Weibchen 20 % leichter als die Männchen der gleichen Unterart.

Die Heimat des Palmkakadus sind die Aru-Inseln, Misool, südliches Neuguinea, Kap-York-Halbinsel (Queensland), Inseln westlich von Neuguinea, Neuguinea vor der Vogelkopfhalbinsel, Südost-Papua, Insel Yapen (Irean-Bucht) und Nord-Neuguinea. Ihr Lebensraum sind Regenwälder, Lichtungen mit Baumgruppen oder hohem Sekundärwuchs, Monsun-Waldland, örtlich auch baumbestandene Savannen.

Allgemein sind Palmkakadus Bewohner des Flach- und Hügellandes. Sie leben hier paarweise, selten in kleinen Gruppen von etwa 5 bis 6 Vögeln, im Kronendach der Bäume. Ihre Nahrung, die meist in den Baumwipfeln gesucht wird, besteht aus Samen, auch Nüssen, Blattknospen und Insektenlarven. Nur gelegentlich sieht man die Vögel auf dem Waldboden, um hier heruntergefallene Fruchtstücke zu verzehren. Der auffällige Schnabel ist bestens für das Aufbrechen harter Samen geeignet. Sehr eindrucksvoll wirkt der Vogel beim Drohen, wobei er den Kopf in Sitzasthöhe verdreht

Palmkakadu mit angelegter Haube, beispielsweise während der Nahrungsaufnahme und des Putzens

und die Federhaube nach unten richtet. Eine auffällig kräftig rote
Farbe hat jetzt die Wachshaut, auch stapfende Fußbewegungen gehören zu diesen Verhaltensäußerungen. Die eindrucksvollen Palmkakadus sind aber in Menschenobhut sanfte Vögel. Die Brutzeit
liegt in Abhängigkeit von der Regenzeit zwischen August und Februar. Die überwiegende Zahl der Bruthöhlen befindet sich in großer Höhe, gern an Waldrändern. Ihr Durchmesser beträgt 25 bis

Palmkakadus  41

Eindrucksvoll hebt sich bei Erregung die Haube aus dem Kopfgefieder des Palmkakadus.

50 cm. Die Höhlentiefe mißt gelegentlich mehr als 1 m. Jahrelang benutzt ein Paar die gleiche Höhle. Beide Paarpartner tragen mit dem Schnabel dünne Zweige ein, bis 30 cm Höhe kann diese Gelegeunterlage erreichen. Das Gelege besteht meistens aus einem Ei, selten aus zwei Eiern. Nur das Weibchen brütet. Nach etwa 30 Tagen schlüpfen die Jungen. Bei Verlust des Geleges kommt es manchmal zu einem Nachgelege.

Ursprünglich war der Palmkakadu auf Neuguinea recht zahlreich. In der Gegenwart hat die Bestandsdichte abgenommen. Lokal sind die Vögel selten und an vielen Stellen nicht mehr anzutreffen. Die Jagd und vor allem der Fang führten zu den drastischen Rückgängen. Die Erschließung der Kap-York-Halbinsel in Australien für Weiden und Bergbau führte ebenfalls zu deutlichen Rückgängen. In Australien genießt der Palmkakadu vollen gesetzlichen Schutz. Der Palmkakadu wird in zahlreichen zoologischen Gärten in der Welt gepflegt, seltener bei privaten Liebhabern. Erst in den letzten zwei Jahrzehnten kamen mehrere Importe in kleineren Stückzahlen nach Europa. Oft waren die Vögel in einem schlechten Gefiederzustand. Sie haben ein großes Nagebedürfnis. So werden Eichen- und Obstbaumkronen binnen weniger Wochen total zerkleinert. Palmkakadus sitzen vor allem auf den höchstmöglichen Punkten einer Anlage, wählen auch hier ihren Ruhe- und Schlafplatz. Auch suchen sie in einer Außenanlage gern den Boden auf, graben in der Erde und tragen Steine und Erdstücken herum. Besonders morgens, aber auch abends etwa eine Stunde vor der Dunkelheit sind sie sehr aktiv. In den Abendstunden hört man kräftige Rufe. Sie werden unterbrochen von knarrenden und schnalzenden Geräuschen bis hin zum leisen Brummen. Aber insgesamt ist der Palmkakadu ein leiser Papagei. Als Käfigvogel ist er ungeeignet. Die Pflege eines Einzelvogels ist in heutiger Zeit, in der dem Zuchtgedanken der erste Stellenwert bei der Pflege in Menschenhand gilt, von vornherein abzulehnen. Das Washingtoner Artenschutzabkommen läßt den Import dieses Kakadus nicht mehr zu, ausgenommen im Rahmen des internationalen Tausches mit bestimmten zoologischen Gärten.

Die Haltung erfolgt am besten in einem warmen Schutzraum mit einem großen Freigehege (Ganzmetallvoliere). Als Futter erhalten die Tiere außer Zirbelnüssen einige Erdnüsse, Haselnüsse, Mandeln und Walnüsse, alles in der Schale, und fast ausschließlich gekeimte Sonnenblumenkerne. Weiterhin gehören zum täglichen Menü kleine Stücken Äpfel, Gelbe und Rote Rüben sowie Gurken. Letztere werden nur während der Aufzucht der Jungen in den ersten Wochen genommen. Halbreife Maiskolben erhalten die Vögel einmal pro Woche, im Herbst außerdem Vogelbeeren und Weißdornbeeren, die sie begierig verzehren. Zum Angebot gehören auch Kalksteine, Holzkohle und Steinsalz. Dem Wasser wird täglich Nekton S zugegeben.

Es gibt nicht viele Zuchterfolge in der Welt, meistens sind es Handaufzuchten. Zur Brut wird ein Paar stets allein untergebracht. Entscheidend für den Erfolg ist die Nistgelegenheit. Am besten sind 1 m tiefe Höhlen in Baumstämmen, beispielsweise in einem dichten Stamm mit einem Innendurchmesser von nur 30 bis 35 cm. Der Stamm ist oben offen, hat also kein seitliches Einflugloch. Größere Höhlendurchmesser führen häufig zu Mißerfolgen. An einer Höhleninnenseite wird ein Gitter als Kletterhilfe angebracht. Gern sitzen die Kakadus auf dem oberen Rand des Stammes. Von hier aus bauen sie ihr Nest, indem sie Zweige in ca. 10 cm lange Späne zerkleinern und in den Kasten fallen lassen. Deshalb bringt man frische Birken- oder Weidenzweige über dem Kasten an; sie sind bald verarbeitet. Die Nestunterlage ist bei einer Höhe von 30 bis 50 cm fertiggestellt. Diese hohe luftdurchlässige Einlage ist sicherlich eine Anpassung an die klimatischen Verhältnisse in der Heimat der Palmkakadus. So können die ausgiebigen Regenfälle den Jungen kaum etwas anhaben, da das Wasser durch das lockere Nest durchläuft und der Höhlenhocker nicht in der Nässe sitzt.

Junge Palmkakadus fliegen zwischen dem 100. und 110. Lebenstag aus. Manche verlassen bereits ab 60. Lebenstag, noch nicht flugfähig, die Bruthöhle. Die Verletzungsgefahr durch Absturz ist dann groß, so daß die Umgebung des Stammes mit einer dicken Schicht Heu bedeckt werden sollte. Die Eltern füttern ihr Junges noch lange Zeit, allgemein über sechs Wochen hinaus. Etwa fünf Monate nach dem Ausfliegen sollte der junge Palmkakadu von den Altvögeln getrennt werden, da es jetzt immer öfter passiert, daß er abgedrängt wird.

---

## Gattung Rabenkakadus *(Calyptorhynchus)*
3 Arten

### Gelbohr-Rabenkakadu *(Calyptorhynchus funereus)*

Männchen bräunlichschwarz, Federn von Hals, Nacken, Oberrücken, Brust und Bauch sowie die kleinen Flügeldecken und Unterschwanzdecken mit gelben Säumen und gelben Flecken. Ohrgegend kreisförmig gelb. Mittlere Schwanzfedern braunschwarz, äußere im mittleren Schwanzdrittel mit gelbem Band, wenig schwarzbraun gepunktet. Außenfahne des Schwanzes mit gelben

Gelbohr-Rabenkakadu-Männchen *(C. funereus)*

Flecken. Schnabel braunschwarz, Iris dunkelbraun, nackter Augenring rosa, schmaler nackter Hautstreifen vom nackten Augenring
zur Oberschnabelwurzel. Weibchen wie Männchen gefärbt, aber
gelber Ohrfleck weniger intensiv, Federn von Nacken, Hals, Brust,

Bauch, Schenkel, Unterschwanz und Oberrücken mit gelben Säumen, deutlicher ausgeprägt an den kleinen Flügeldecken und Unterflügeldecken. Äußere Schwanzfedern auf den Außenfahnen der Ober- und Unterseite stärker schwarzbraun gepunktet. Schnabel gräulichhornfarben, nackter Augenring grauschwarz. Jungvögel matter gefärbt als erwachsene Vögel, bei jungen Männchen nackter Augenring braunschwarz. Länge 67 cm. 4 Unterarten.

Ihre Heimat ist Südost-Australien von Zentral-Queensland durch den Osten von Neusüdwales bis zum äußersten Osten von Victoria, Tasmanien und die Inseln King, Hunter, Flinders und Cape Barren der Bass-Straße und die Känguruh-Inseln, äußerster Westen von Westaustralien, südwestliches Westaustralien entlang der Küste ostwärts bis Esperance und die Insel Rottnest (bei Perth).

Gelbohr-Rabenkakadus bewohnen Wälder einschließlich des Regenwaldes im Osten, trockenes Wald- und Kulturland mit Bäumen, baumbestandene Wasserläufe, Kiefernpflanzungen, Plantagen und Obstgärten. Die Vögel der Unterart *C. f. funereus* und *C. f. xanthanotus* leben vorwiegend in feuchten Küstenwäldern und Bergwäldern. Selten und dann nur lokal sind sie in trockenen Gebieten anzutreffen. Der Lebensraum von *C. f. baudinii* und *C. f. latirostris*, beide werden als Weißohr-Rabenkakadu bezeichnet, wird durch ausgedehnte Weizenanbaugebiete charakterisiert. Außerdem kommen die Kakadus dieser Unterart in Wäldern, trockenem Buschland und im Mallee vor.

Die Kakadus leben paarweise und in Gruppen bis zu 20 Vögeln zusammen. Ihre Schlafplätze sind überwiegend große Bäume an Flußläufen bzw. in der Nähe anderer Gewässer. Am Spätnachmittag fliegen sie in diese Richtung, um zu trinken. Auch morgens nach Verlassen der Schlafbäume suchen sie zuerst eine Tränke auf. Hoch über den Bäumen fliegen sie längere Strecken mit langsamen Flügelschlägen. Der Kontaktruf der fliegenden Vögel ist unverwechselbar ein weithin schallendes zweisilbiges Kreischen. Gelbohr-Rabenkakadus ernähren sich von Samen der *Banksia* spec., Akazien und weiteren kleinen Samen, auch von Insektenlarven in der Rinde und im Holz. Im südlichen Queensland und in Nord-Neusüdwales beginnt die Brutzeit im März. Sie liegt bei den Vögeln im Süden und Südosten in den folgenden Monaten, beispielsweise im Südosten Australiens reicht sie von Juli bis Januar. Noch später beginnt sie auf Tasmanien und auf den südlichen Inseln. Die Paare wählen hoch in den Bäumen gelegene Höhlen als Brut-

Weißohr-Rabenkakadu *(C. f. latirostris)*

plätze. Vor der Eiablage benagen sie die Höhle. Das Gelege besteht meistens nur aus einem Ei, selten sind es zwei Eier. Das zweite wird 5 bis 7 Tage später gelegt. Weitere brutbiologische Einzelheiten siehe Weißohr-Rabenkakadu.

Bei den Weißohr-Rabenkakadus kommt es gelegentlich in Kiefernbeständen zu Ansammlungen bis zu 6 000 Vögeln. Sie unternehmen abhängig vom Nahrungsangebot saisonale Wanderungen, überwiegend während der Reifezeit von Kiefernsamen. Diese bilden die Hauptnahrung neben den steinharten Früchten von *Banksia grandis* sowie den Samen des Grasbaumes (*Xanthorrhoea* spec.), den Blüten und Früchten verschiedener Eukalyptusbäume (*Eucalyptus* spec.), den hartschaligen Früchten anderer Banksien (*Banksia* spec.), *Hakea* und verschiedenen Akazienarten. Zum Nahrungsspektrum gehören auch Larven und Vollkerfe in der Rinde und im Holz. Örtlich richten sie in Obstplantagen große Schäden an. Äpfel zerpflücken sie regelrecht, nur, um an die Kerne zu kommen. Heruntergefallene Früchte verzehren sie auch auf dem Boden.

Innerhalb der Gruppe bleiben die Paare zusammen. Auch die Weißohr-Rabenkakadus haben ihre Schlafbäume. Weite Strecken werden in großer Höhe zurückgelegt, beispielsweise, wenn sie nach dem Trinken morgens die Futterplätze aufsuchen, wo sie tagsüber bleiben. Mittags ruhen sie im Schatten der Baumkronen. Während des Fluges künden die unverwechselbaren zweisilbigen Kreischtöne bereits von weitem die Vögel an. Laut kreischen die Weißohr-Rabenkakadus bei Erschrecken und Gefahren. Die Brutzeit variiert wenig. Sie beginnt im Juli/August und endet November/Dezember. Untersuchungen von 75 Brutpaaren ergaben, daß von einem Paar durchschnittlich nur 0,6 Jungvögel aufgezogen werden, in einigen Gebieten nur 0,3 Jungtiere. Mangelndes Nahrungsangebot nahe der Brutplätze ist die Ursache. Das hungrige Weibchen mußte Gelege und den Nachwuchs verlassen, um selbst Futter zu suchen, das es ansonsten vom Männchen bekommt. Feinde und Brutplatzkonkurrenten haben dann leichtes Spiel. Jährlich werden die gleichen Bruthöhlen besetzt. Brutbiologie siehe Gelbohr-Rabenkakadu. Der Schlupf erfolgt nach 29 Tagen. Nur ein Jungvogel wird aufgezogen. Dem zweiten Ei fällt die Ersatzfunktion für das erste Ei zu.

In vielen Gebieten sind die Kakadus alltäglich, auch auf Tasmanien häufig. In den Staaten des Ostens haben die Vögel uneingeschränkten gesetzlichen Schutz. Im Südwesten Australiens wurde der Kakadu als Schädling deklariert, da er örtlich in Kiefernanpflanzungen und Apfelplantagen Schäden anrichtet.

Nur wenige Vögel werden in Menschenhand gepflegt, abgesehen von Australien. Ihre Eingewöhnung bereitet durch die Futterumstellung meistens Probleme. Sie lieben tierisches Eiweiß. Es sind ausgesprochen lebhafte und verspielte Kakadus. Fleißig klettern sie und untersuchen alles mit dem Schnabel. Sie haben einen großen Bewegungsdrang. Zum Wohlbefinden benötigen sie ein großes Ganzmetall-Außengehege mit einem sehr stabilen Drahtgeflecht. Der Innenraum braucht nur mäßig warm zu sein. Starke Äste und Stämme werden als Sitzgelegenheiten angebracht. Das große Nagebedürfnis der Vögel macht die baldige Erneuerung erforderlich. Futter: trockene und gekeimte Sonnenblumenkerne, Mungoboh-

nen und Hafer, beides ebenfalls gekeimt, Wal-, Para- und reichlich
Zirbelnüsse, Mais und frische Maiskolben, viel Obst nach jahres-
zeitlichem Angebot, besonders auch Äpfel, trockene Garnelen, ab
und zu Erdnüsse. Eine Beregnungsanlage auf dem Außengehege ist
empfehlenswert.

Es gibt nur wenige Zuchterfolge in Australien, sonst keine in der
Welt. Die Bruthöhlen müssen wegen des Nagebedürfnisses dickwandig sein.

## Bank's Rabenkakadu, Rotschwanz-Rabenkakadu
## *(Calyptorhynchus magnificus)*

Männchen schwarz, Nacken und Rücken grünlichschwarz, ebenfalls mittlere Schwanzfedern schwarz, Außenfahne der äußeren im
mittleren Drittel mit rotem Band. Schnabel dunkelgrau, Iris
schwarzbraun, Augenring nackt und grauschwarz. Weibchen wie
Männchen, aber mehr schwarzbraun, Federn von Kopf, Haube,
Nacken, Oberrücken, kleine und mittlere Flügeldecken, Kehle,
Brust, Handschwingen und Bauch bräunlich mit gelben Flecken
und Strichen. Unterbauch gelb und rötlich gefleckt. Mittlere
Schwanzfedern schwarz, äußere mit gelben, bis zur Spitze mit
orangefarbenen Querstreifen durchsetzt. Iris braun. Jungvögel ähnlich wie erwachsene Weibchen gefärbt. Junges Männchen durch in-
tensivere Punktzeichnung vom jungen Weibchen zu unterscheiden.
Länge 60 cm. 4 Unterarten.

Ihre Heimat ist das östliche, nördliche und westliche Australien,
ein isoliertes Vorkommen im westlichen Victoria bis zum angrenzenden Teil vom südöstlichen Südaustralien, möglicherweise auch
auf der Insel King.

Bank's Rabenkakadus bewohnen unterschiedliche Lebensräume
von dichtem Gebirgswald bis zu bewaldeten Küstentälern, auch
baumbestandenes Grasland, hohe Bäume an Feldrändern und
Wasserläufen.

Die Vögel leben paarweise und außerhalb der Brutzeit im
Schwarm bis zu 200 Tieren zusammen. Sie fallen durch ihre Größe
und die Rufkontakte in der Landschaft auf. Sie sind Standvögel, in
den trockenen Lebensräumen streifen sie außerhalb der Brutzeit
auf der Suche nach reifen Samen und Früchten weiter umher.
Während des Fressens in den Bäumen verhalten sie sich ausgesprochen ruhig. Nur gelegentlich kommen sie auf den Boden, um her-

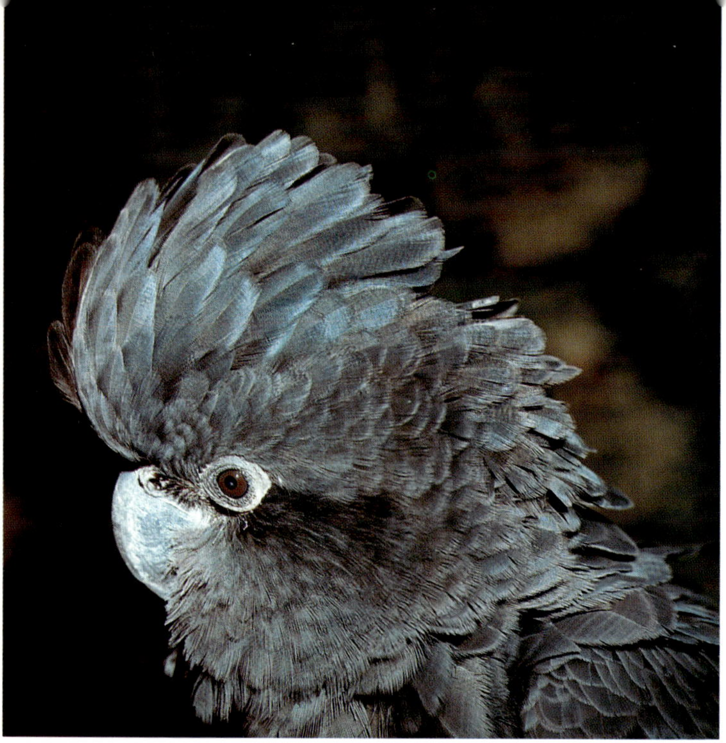

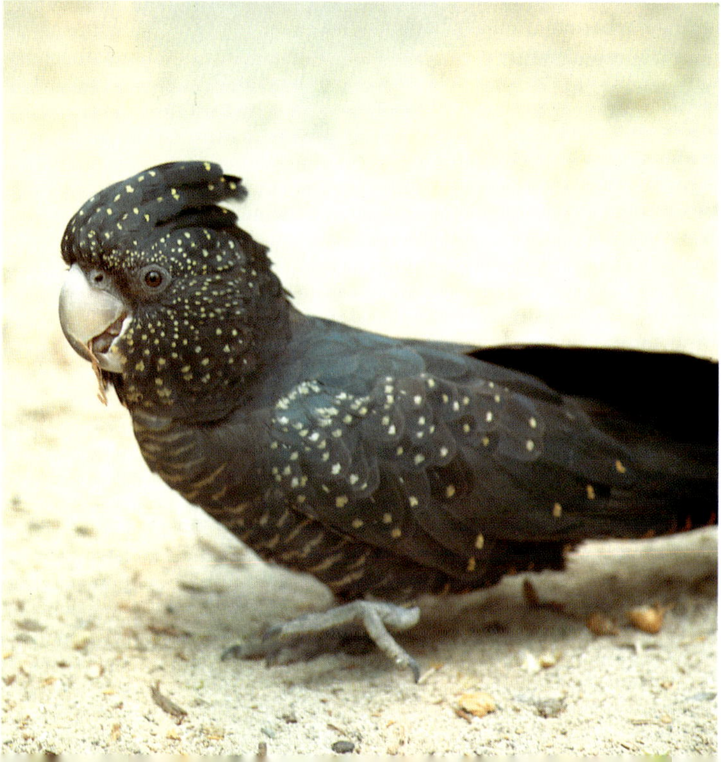

untergefallene Samen und Früchte zu verzehren. Durch den langen Schwanz wirken sie hier recht ungeschickt. Den Hauptteil der Nahrung machen Samen von *Eucalyptus* spec., *Casuarina* spec. und weiteren Arten aus. Weit ausladende, einzelstehende Akazien bevorzugen die Vögel als Übernachtungsplätze. Auch sie streben früh zuerst zur Tränke und suchen danach erst nach Nahrung. Mit langsamem Flügelschlag fliegen die Rabenkakadus in größerer Höhe paarweise in der Gruppe. Die Flügelschläge werden unterbrochen von Gleitflügen. In Abhängigkeit von der Regenzeit wird gebrütet. Bank's Rabenkakadus *(C. m. magnificus)* brüten in ihrem südlichen Vorkommen ab Oktober/November. Nordwärts verschiebt sich entsprechend die Brutzeit in die kommenden Monate. Die Kakadus der Unterarten *C. m. macrorhynchus* in den Küstengebieten Nordaustraliens und in den Trockenzonen des nördlichen Verbreitungsgebietes haben wahrscheinlich in den Sommermonaten ihre Brutzeit, da hier das Maximum der Niederschläge erreicht wird. Die Vögel von *C. m. naso* brüten gleichfalls in Westaustralien während der Regenzeit von Mai bis August. Von der vierten Unterart *C. m. samueli,* die etwas kleiner ist und im inneren Australien vorkommt, ist die Brutzeit in diesen trockenen Landschaften besonders von Niederschlägen abhängig und somit variabel. Meistens wählen die Paare in Eukalyptusbäumen und Akazien hochgelegene Bruthöhlen. Auch Astlöcher und abgebrochene Baumstümpfe, gern an Wasserstellen, werden bezogen. Das Gelege besteht allgemein aus einem Ei, selten aus einem zweiten. Der Legeabstand beträgt nur fünf Tage. Nur das Weibchen brütet und wird in dieser Zeit vom Männchen gefüttert. Die Jungen schlüpfen nach 30 Tagen. Im Alter von 90 Tagen fliegt der Nachwuchs aus. Anschließend werden die jungen Kakadus noch etwa vier Monate von den Eltern gefüttert. Der Familienverband besteht noch weitere Monate, wahrscheinlich bis zur neuen Brutzeit.

Das Hauptvorkommen von Bank's Rabenkakadu liegt im nördlichen Verbreitungsgebiet. Hier sind die Vögel alltäglich, gleichfalls in Zentralaustralien, aber weniger im Süden. Abholzungen um die Jahrhundertwende führten zu Bestandsrückgängen. Die Tiere sind selten in Neusüdwales, Victoria und im Südwesten von Westaustralien. In allen Staaten genießen sie gesetzlichen Schutz.

Einer der seltensten Kakadus in Menschenhand ist der Bank's Rabenkakadu; oben Männchen, unten Weibchen.

In den letzten Jahrzehnten zählt dieser Kakadu zu den ausgesprochenen Seltenheiten in den Vogelanlagen, selbst in Australien. Hier ist für die geschützten Vögel eine Haltungsgenehmigung notwendig.

Die Kakadus sind angenehme Volierenvögel. Vorhandene Einzeltiere sollten unbedingt zu Zuchtgemeinschaften zusammengeführt werden. Die Pflege erfolgt in größeren Volieren mit mäßig warmem Schutzraum. Futter siehe Ernährung. Wenige Zuchterfolge gelangen in der Welt, die meisten in Australien. Seit 1961 züchtet der Zoo Adelaide fast regelmäßig den Bank's Rabenkakadu. Als Bruthöhle wird am besten ein Baumstamm mit einer Höhle geboten. Sie sollte tief sein, etwa 1,75 m, und einen Durchmesser von 30 cm haben. Das Gelege besteht aus 3 bis 4 Eiern. Die Jungen schlüpfen nach 28 bis 29 Tagen. Um den 84. Lebenstag fliegen sie aus. Sie werden noch wochenlang von den Eltern gefüttert. Das vollständige Alterskleid tragen sie im 4. Lebensjahr. In diesem Alter haben sie die Geschlechtsreife wohl noch nicht erreicht.

## Braunkopfkakadu *(Calyptorhynchus lathami)*

Männchen dunkelbraun, Rücken und Flügel braunschwarz mit grünlichblauem Schimmer. Oberschwanzdecken braunschwarz, ebenso beide mittlere Schwanzfedern. Mittleres Drittel der äußeren Schwanzfedern mit orangerotem Querband, aber die beiden äußeren Schwanzfedern sind nur auf der Innenfahne orangerot. Unterschwanzdecken braunschwarz, Schnabel schwärzlichgrau, Iris dunkelbraun, Augenring nackt und dunkelgrau. Beim Weibchen sind Kopf und Vorderseiten deutlicher braun als beim Männchen, vereinzelte gelbe Flecken oder Säume, Kopf, Kehl- und Halsfedern gelb. Schwanzbinde ausgedehnter gelb mit gelben und schwarzen Streifen. Unterschwanzdecken weißlichgelb gestreift. Schnabel horngrau. Jungvögel ähnlich den erwachsenen Weibchen gefärbt, aber ohne Gelb im Kopfbereich, junge Männchen mit weniger gelben und schwarzen Streifen auf der roten Schwanzbinde. Länge 48 cm. Keine Unterarten.

Ihre Heimat ist das östliche Australien von Süd-Queensland bis zum äußersten Norden von Victoria, Känguruh-Insel (vor Südaustralien), vielleicht auf Great Sandy Island.

Der Braunkopfkakadu ist ein Bewohner des dichten Gebirgswaldes und des subtropischen Regenwaldes. Außerdem lebt er in Küstenwäldern sowie auf hohen Bäumen an Wasserläufen, aber auch im felsigen Hügelland, wenn dieses mit Kasuarinen (*Casuarina* spec.) bewachsen ist.

Braunkopfkakadus leben paarweise, in Familienverbänden und in kleinen Gruppen zusammen. Der Zusammenhalt der Paare ist groß. Auf den Boden kommen die Vögel nur zum Trinken. Die Vorliebe für nahrungsbietende Kasuarinen veranlaßt die Kakadus zu größeren Wanderungen. Diese Samen sind die Hauptnahrung. Sie verzehren auch Samen von *Angophora*, Akazien und Eukalyptusbäumen. Hin und wieder suchen sie Insektenlarven unter der Rinde, die sie zu diesem Zweck abreißen. Mit langsamen Flügelschlägen fliegen sie über den Baumkronen. Insgesamt wirkt der Flug sehr leicht. Dabei stoßen sie einen leisen, langgezogenen, zweisilbigen Ruf aus, hingegen bei Gefahr grelle Kehllaute. Paare wählen Höhlen oder Astlöcher hoch in abgestorbenen Bäumen, gern auf Waldlichtungen. Die meisten Bruthöhlen liegen zwischen 13 und 22 m über dem Boden. Das Gelege besteht aus einem oder zwei Eiern, die auf dem Mulm des Höhlenbodens liegen. Das Weibchen sitzt sehr fest und verläßt die Höhle meistens erst bei lauten Störungen am Höhleneingang. Das Männchen hält sich tagsüber kaum in der Nähe auf. Abends kehrt es aber zurück und füttert die Partnerin außerhalb der Bruthöhle.

Das Zentrum der Verbreitung liegt in Südost-Queensland und im Nordosten von Neusüdwales, wo der Kakadu auch nur örtlich häufig angetroffen wird. Allgemein ist er dort selten, im übrigen Verbreitungsgebiet sogar sehr selten. Ein Bestand von etwa 100 Vögeln existiert auf den Känguruh-Inseln, wahrscheinlich sind es weniger. Zur Arterhaltung werden in der Nähe möglicher Brutreviere der Schutz und das Anlegen von *Casuarina*-Beständen empfohlen. Der Braunkopfkakadu ist streng geschützt.

In früheren Jahrzehnten war dieser Kakadu selten in Europa, derzeit gibt es wahrscheinlich keine Vögel in Menschenhand außerhalb von Australien. Die Pflege ist oft schwierig, denn als ausgesprochene Nahrungsspezialisten bereiten sie schon in der Heimat während der Eingewöhnung Probleme. Nur mit Kasuarinen-Samen können sie auf die Dauer überleben. Sie müssen diese Samen selbst aus den Zapfen holen. Das Zerlegen des Zapfens ist für sie wesentlich. Kakadufutter in üblicher Weise führte schon bald zu starken Schnabeldeformierungen. Zur Unterbringung sind große Volieren notwendig. Nur von Australien sind sehr wenige Zuchterfolge bekannt. Das Gelege besteht aus zwei Eiern. Nach etwa 95 Tagen fliegen die Jungen aus. Es dauert etwa vier Jahre, bis ein Jungvogel das Alterskleid trägt.

## Gattung Helmkakadus *(Callocephalon)*
1 Art

### Helmkakadu *(Callocephalon fimbriatum)*

Männchen bräunlichgrau, Federn weißlichgelb gesäumt, Bauch mit schmalen orangegelben Säumen. Stirn, Kopf, Haube, Zügel, Augen und Wangenregion leuchtend rot. Haube unverwechselbar büschelförmig. Hand- und Armschwingen dunkelgrau, spitzenwärts schwarzgrau. Flügelfedern grünlichgelb, oberseits dunkelgrau, unterseits mit gelben Querstreifen. Schnabel hornfarben, Iris braun, Augenring schmal, nackt und hellgrau. Weibchen wie Männchen gefärbt, aber Kopf bräunlichgrau, Brust und Bauch intensiver gelblichweiß und orangefarben quergestreift, Unterschwanzdecken und Flügeldecken ausgeprägter grünlichgelb. Jungvögel ähnlich erwachsenen Weibchen. Junge Männchen mit roter Haube, Federn vom Vorderscheitel grau mit rot, stärker vermischt im Bereich der unteren Wangen. Von hier zum Hinterscheitel bildet das Rot ein angedeutetes Band. Federsäume von Unterbrust und Bauch gelblich, bauchwärts gelbbräunlich. Mittlere Flügeldecken und Armschwingen mit gelben Streifen. Ober- und Unterschnabel an der Basis grau, spitzenwärts gelborange. Die Geschlechter können bereits bei höhlenhockenden Jungvögeln unterschieden werden. Bei den Männchen fällt im Kopfbereich schon das Rot auf. Länge 34 cm. Keine Unterarten.

Ihre Heimat ist Südostaustralien, vom Osten Neusüdwales durch Süd-Victoria bis in den äußeren Osten von Südaustralien. Auf Tasmanien und der Insel King ist der Helmkakadu ein seltener Besucher.

Der Helmkakadu bewohnt dichte Bergwälder und bewaldete Täler im angrenzenden Küstengebiet. Im Winter leben die Vögel im tiefergelegenen trockenen Waldland, sind dann auch in Gärten und Parks zu sehen, selbst am Rande großer Städte wie Sydney und Melbourne.

Die Kakadus werden paarweise, in Familienverbänden und au-

Helmkakadu-Männchen im Alter von 115 Tagen

ßerhalb der Brutzeit auch in Gruppen bis etwa 60 Vögel angetroffen. Zu größeren Ansammlungen kommt es an Plätzen mit reichlichem Nahrungsangebot. Helmkakadus führen ausgeprägte vertikale Wanderungen aus. Die Paare brüten in den Gebirgswäldern, anschließend ziehen sie mit ihren Jungen in tiefergelegene Täler und die Küstengebiete. Im Winter bleiben einige in den Bergen, während kleinere Gruppen nicht fortpflanzungsfähiger Tiere, überwiegend Jungvögel aus dem Vorjahr, den ganzen Sommer in den

Niederungen bleiben. So sind Helmkakadus alltägliche Herbst- und Winterbesucher in den Gebieten nördlich von Colac in Victoria. Die im März gekommenen Vögel kehren im späten Winter oder Frühling in südlich gelegene Wälder zurück. Helmkakadus halten sich vorwiegend in den Baumkronen auf. Nur zum Trinken und um heruntergefallene Kiefernzapfen oder andere auf dem Boden liegende Samen zu verzehren, kommen sie auch auf die Erde. Dabei lassen sich die Vögel kaum stören. Ihre Nahrung besteht aus verschiedensten Samen, vor allem Beeren, Nüssen und Früchten von einheimischen oder eingeführten Bäumen sowie Insekten und ihren Larven. Vorzugsweise werden die Früchte von Eukalyptusbäumen, von Weißdorn und von *Pyracantha* verzehrt. Viel Beachtung finden auch grüne Akaziensamen. Die Helmkakadus gehören zu den kräftigen Fliegern, die gern zwischen den Baumkronen ihren Weg nehmen. Weite Strecken legen sie aber auch in größerer Höhe zurück. Meistens fliegen sie »etappenartig« zwischen den Kronen von Baum zu Baum. Beim Fliegen, aber auch im Sitzen oder beim Zeigen von Höhlen stößt das Männchen einen unverwechselbaren, rauhen, krächzenden Ruf aus. Zwischen Oktober und Januar liegt die Brutzeit. Als Brutplatz wird eine Höhle im Stamm oder ein hohler Ast gewählt, vorzugsweise in einem Eukalyptusbaum und gern in der Nähe von Wasser. Das Gelege liegt auf Holzmull und Spänen. Es besteht aus zwei, selten drei Eiern, die von Männchen und Weibchen bebrütet werden. Innerhalb von 30 Tagen schlüpfen die Jungen. Im Alter von sieben Wochen fliegen sie aus und erreichen um die 12. Lebenswoche die Selbständigkeit. Der Familienverband bleibt meist noch weit länger bestehen.

Im Zentrum des Verbreitungsgebietes, also im südlichen Neusüdwales und im Osten von Victoria, ist die Art häufig. Weit geringer ist die Bestandsdichte im Grenzbereich des Vorkommens, lokal sind sie hier sogar recht selten. Großflächiges, zum Teil unzugängliches Bergland bedeutet sichere Zufluchtsstätten während der Brutzeit. In allen Staaten genießt der Helmkakadu vollen gesetzlichen Schutz.

Helmkakadus gehören zu den kostbarsten Kakadus in Menschenhand, sowohl in Europa als auch in den USA. Das Hauptproblem dieser so liebenswerten Vögel ist das Gefieder. Füttert man sie wie die meisten anderen Kakadus, so kommt es bei der überwiegenden Zahl der Tiere zum gegenseitigen Federrupfen oder auch zur Selbstzerstörung des Federkleides. Schuld ist meistens die Langeweile. Die Vögel müssen den ganzen Tag über Beschäftigung haben. Aus diesem Grund füttert Dr. Burkard, Schweiz, seinen Paaren, die mehrfach Junge aufzogen, eine Prachtfinken-Körnermischung, so daß die Tiere den ganzen Tag fleißig kleine Körner entschalen müssen, um satt zu werden. Für den Käfig sind Helmkakadus ungeeignet. Ihre rätschende und krächzende Stimme wirkt keineswegs unangenehm und ähnelt der des europäischen Laubfrosches. In der Dämmerung sind die Vögel ruffreudiger. Bei der geschilderten Ernährung gehören die Helmkakadus zu den ausdauernden und unempfindlichen Pfleglingen. Sie haben eine besonders enge Paarbindung. Es ist eine Augenweide, das Sozialverhalten eines Paares zu beobachten. Die Unterbringung erfolgt in wenigstens etwa 4 × 2 m großen Außenvolieren mit mäßig warmem Schutzraum. Wegen des starken Nagebedürfnisses hat die Voliere aus Ganzmetall zu sein. Als Futter erhalten sie neben der genannten Hirse (vor allem Mohairhirse) Glanz, außerdem Kolbenhirse, aber keinesfalls ölhaltige Samen. Das wenige Keimfutter besteht aus gleichen Anteilen Sonnenblumenkernen, Weizen und Hafer. Außerdem bekommen die Kakadus zwei- bis viermal wöchentlich Äste mit Beeren von *Pyracantha*, Ebereschenbeeren und Hagebutten, Samenstände des Löwenzahns und von *Tagetes*, dazu Früchte, Gemüse und Grünfutter. Besondere Leckerbissen sind geschlossene Zapfen von Tannen, Kiefern und Fichten, aus denen sie mit Akribie jeden Samen herausholen. Bis zu fünf Zapfen werden von einem Vogel täglich gern genommen. Jeden zweiten bis dritten Tag bekommt ein Paar den Knochen eines gegrillten oder gekochten Hühnchens. Alles verzehren sie restlos. Auch Knochen von Kaninchen werden gern genommen. Besonders begehrt ist die Wirbelsäule mit dem Knochenmark. Außerdem verzehren sie Hundekuchen, Quark und Käse. Frische Äste zernagen sie leidenschaftlich in kleine Stücke. Helmkakadus lieben das Regenbad, so daß auf der Außenvoliere unbedingt eine Beregnungsanlage anzubringen ist. Es gibt nur wenige Zuchterfolge in der Welt. Natürlich werden die Paare allein untergebracht. Sie sind allgemein sehr gute Brüter und vortreffliche Eltern. Dr. Burkard, Schweiz, reicht während der Aufzucht neben dem genannten Futter drei nackte Mäuse. Höhlenkontrollen sollen unterbleiben. Die Jungen schlüpfen nach 25 bis 27 Tagen und verlassen die Bruthöhle zwischen 51. und 60. Lebenstag. Die ersten Tage nach dem Ausfliegen sind heikel, da sie manchmal nicht ausreichend von den Eltern gefüttert werden.

**Gattung Rosakakadus** *(Eolophus)*
1 Art


**Rosakakadu** *(Eolophus roseicapillus)*

Beim Männchen sind die Federn von Stirn, kleiner Haube und Hinterkopf weiß, Federbasis rosa. Zügel und untere Augenregion rosa, weiß durchsetzt. Rosarot sind Wangen, Ohrpartie, Nacken, Hals, Kinn, Kehle, Brust, Unterflügeldecken und Bauch. Rücken, Flügel, Oberschwanz- und Unterschwanzdecken, ebenso Schenkel und Schwanz grau. Hand-, Armschwingen und Schwanzspitze dunkelgrau. Schnabel hell hornfarben, Iris dunkelbraun, Augenring nackt, rosarot. Weibchen wie Männchen, aber Iris rötlich. Jungvögel wie erwachsene Vögel, aber insgesamt matter gefärbt, Brust und Bauch rosarot, grau durchzogen. Iris braun. Länge 35 cm. 2 Unterarten.

Die Tiere bewohnen ganz Australien, ausgenommen die Küstengebiete im Norden, Osten und Süden (hier nur lokal an der Küste), und Tasmanien. Die Kakadus sind typische Vögel der baumbestandenen Savannen und des offenen Graslandes und Binnenlandes. Ihre Zahl nimmt in den Küsten- und Berggebieten zu. Auf Feldern und an baumbestandenen Weg- und Straßenrändern sind sie häufig anzutreffen.

Rosakakadus werden paarweise, aber meist in kleinen Gruppen oder in Schwärmen, aus Hunderten Vögeln bestehend, angetroffen. Mit anderen Kakadus, beispielsweise dem Gelbhaubenkakadu, auch dem Inka- und Nacktaugenkakadu, können sie gelegentlich in Gesellschaft sein. In heißen Tagesstunden sitzen sie in dichtbelaubten Baumkronen und verhalten sich hier meistens ruhig, so daß sie oft unbemerkt bleiben. In Abhängigkeit vom Nahrungsangebot kommt es zu lokalen Bewegungen innerhalb der Bestände. Der Ruf klingt metallisch und ist zweisilbig. Die Kakadus verzehren Samen von Gräsern und Kräutern, Getreidekörner, vorwiegend von Hafer und Weizen, Früchte, Wurzeln, Blattknospen, frische Triebe, Blüten, Insekten und ihre Larven. Auf reifenden Weizenfeldern richten sie da und dort beträchtliche Schäden an. Selbst auf Rasen und Sportplätzen finden sich Schwärme zum Fressen ein. Die Brutzeit in Südaustralien reicht von Ende Juli bis Mitte November, im Norden brüten sie im Anschluß an die Regenzeit und halten sich hier gewöhnlich von Februar bis Mai, auch noch in den

Rosakakadus am Abend in Neusüdwales

Juli hinein auf. Im Landesinneren von Australien bestimmt die Länge der Trockenzeit den Brutbeginn. Jahre mit geringem Nahrungsangebot lassen hier nur wenige Paare brüten, außerdem sind dann ihre Bruten klein. Als Höhle wählen die Vögel einen hohlen Ast oder einen Stamm in einem abgestorbenen oder lebenden Eukalyptusbaum, am liebsten in Wassernähe. Die Höhlen liegen normalerweise nicht sehr hoch, durchschnittlich 6 m, aber auch Extreme von 1 bis 21 m Höhe sind bekannt. Auf der Känguruh-Insel wurden Brutplätze in Löchern der Klippen gefunden. Nach der Bearbeitung des Höhleninneren und der Einschlupföffnung werden Eukalyptusblätter als Gelegeunterlage eingetragen. Mit 2 bis 5 Eiern ist das Gelege vollständig. Nach etwa 30 Tagen schlüpfen die Jungen und fliegen im Alter von etwa sechs Wochen aus. Nach weiteren 2 bis 3 Wochen sind sie selbständig, bleiben aber noch einige Zeit bei den Eltern.

Der Rosakakadu ist der häufigste Papagei Australiens und weit verbreitet. In den letzten sechzig bis siebzig Jahren haben sich Bestandsdichte und auch Grenzen seines Vorkommens vergrößert, vor allem im Süden und vorwiegend dort, wo Weide- und Anbauflächen ihn zur Seßhaftigkeit bewegen. Die Kultivierung der Landschaft, in deren Folge ausgedehnte Getreideanbauflächen mit Tränken für das Weidevieh entstanden, kam seinen Lebensansprüchen entgegen. Der Rosakakadu genießt gesetzlichen Schutz, nur in Nordaustralien nicht. Wegen der Schäden auf den Getreidefeldern wurde ihm in anderen Staaten dieser Schutz versagt. In einigen Weizenanbaugebieten im Westen Australiens gilt er als Schädling und wird hier bekämpft.

Bereits 1843 kamen Rosakakadus in den Zoo London und sind bis zur Ausfuhrsperre von Australien häufig eingeführt worden. Rosakakadus sind als Käfig- und Volierenvögel ausgesprochen beliebt. Sie sind in Australien die populärsten Hausgefährten unter den Gefiederten. In Europa gehören sie wegen des hohen Preises in den letzten Jahrzehnten fast ausschließlich zu den Volierenbewohnern. Im Vordergrund steht hier erfreulicherweise der Zuchtgedanke. Handaufgezogene Vögel werden sehr anhänglich und sind besonders liebenswerte Hausgefährten. Ihr Nachahmungstalent ist sehr gut. Ein weiterer Vorzug ist, daß sie weit weniger laut sind als andere Kakadus. Sie können also auch in den Außenvolieren gepflegt werden, ohne eine akustische Belästigung für die Nachbarschaft zu werden. Besonders am frühen Morgen und in den Abendstunden rufen sie, aber man kann ja morgens die Vögel später aus dem Innenraum in die Außenvoliere lassen und so den Lärm deutlich mindern. Nur wenige Kakadus gehören zu den Schreiern. Die Unterbringung in einem Käfig wird ohne Einschränkung nur mit handaufgezogenen Vögeln empfohlen. Die Pflege in einem Außengehege mit Innenraum kann wegen des Nagebedürfnisses nur in einer Ganzmetallvoliere erfolgen. Da die Kakadus gern fliegen, muß die Unterkunft im Freien mindestens 4 m Länge und 2 m

Rosakakadu an der Bruthöhle

Breite messen. Die Vögel suchen gern das Futter auf dem Boden, so daß eine Wurmkur im Frühjahr und Herbst zur regelmäßigen Prophylaxe gehört. Rosakakadus haben häufiger Spul- und Haarwürmer als andere Kakadus. Bei Abmagerung und Unwohlsein eines Volierenvogels muß an Wurmbefall gedacht werden. Regelmäßige Kotuntersuchungen sind deshalb empfehlenswert. Ihre tägliche Kost besteht aus dem üblichen Kakadu-Futter. Sie lieben das Regenbad, so daß auf der Außenvoliere eine Beregnungsanlage zur üblichen Ausstattung gehört.

Rosakakadus werden regelmäßig von einer großen Zahl Züchtern in mehreren Ländern gezogen. Zur Brut bleibt ein Paar allein. Als Bruthöhle eignet sich am besten ein dickwandiger Stamm mit einer

Höhle von etwa 60 cm Tiefe und einem Innendurchmesser von etwa 25 bis 30 cm. Sie wird im oberen Drittel des Innenraumes angebracht. Gern sitzt der Paarpartner auf dem dickwandigen Höhlendeckel, während der andere brütet bzw. hudert. Besonders zu Brutbeginn benötigt ein Paar knospenreiche Weiden- oder Obstbaumzweige, um Blätter für die Gelegeunterlage eintragen zu können. Das frühzeitige Angebot stimuliert die Brutbereitschaft. Die Brutzeit mit Eintragen von Blättern beginnt in Mitteleuropa im März. Die 2 bis 5 Eier werden zwischen April und Mai gelegt. Meistens kommt es nur zu einer Jahresbrut, allerdings sind auch zwei Bruten im Jahr vorgekommen. Nicht immer gibt es bei Verlust oder Wegnahme der Eier ein Nachgelege. Weibchen und Männchen wechseln sich zum Brüten ab. Nach etwa 23 Tagen schlüpfen die Jungen. Viele Paare verübeln Höhlenkontrollen. In der 7. Lebenswoche fliegen die Jungen aus und erreichen nach weiteren 2 bis 5 Wochen die Selbständigkeit. Sie können noch einige Wochen bei den Eltern verbleiben. Zur Aufzucht der Jungvögel ist meistens der Weichfutterverbrauch sehr groß. Nymphensittiche sind vorzügliche Ammen für die ersten Tage. Eine engmaschige Kontrolle der Kropffüllung macht sich notwendig, um ggf. Nachfütterung per Hand vornehmen zu können. Weibchen können schon im 2. Lebensjahr fortpflanzungsfähig sein.

## Gattung Eigentliche Kakadus *(Cacatua)*
11 Arten

### Inkakakadu *(Cacatua leadbeateri)*

Männchen weiß, Stirn und Zügel dunkel lachsfarben. Kopf, Nakken, Hals und Kehle sowie Brust und Bauch lachsfarben, Federbasis weiß. Äußere Federn der Haube am Vorderkopf weiß, untere zwei Drittel der Haubenfedern scharlachrot mit schmalen gelblichen Mittelstreifen, oberes Drittel weiß. Flügel weiß. Unterflügeldecken sowie Innenfahnen der Hand- und Armschwingen unterseits dunkel lachsfarben. Schwanz weiß, äußere Schwanzfedern auf der Außenseite der Innenfahnen lachsfarben. Schnabel hornfarben, Iris schwarzbraun, Augenring klein, nackt und weißlich. Weibchen wie Männchen, aber gelbe Streifen in der Haube vielleicht etwas breiter, Iris rötlichbraun. Jungvögel wie erwachsene Vögel, aber

Inkakakadus *(C. leadbeateri)*

blasser gefärbt. Iris bei jungen Männchen zur Zeit des Ausfliegens etwas dunkler als bei jungen Weibchen, die als Höhlenhocker häufig schon eine aschgraue Iris haben, die später leicht bräunlich wird. Bei einjährigen Männchen ist die Iris so dunkel wie die Pupille, bei einjährigen Weibchen hingegen deutlich unterschiedlich, leicht braun. Bei beiden Geschlechtern ist das gelbe Haubenband in Farbe und Ausdehnung gleich. Länge 35 cm. 2 Unterarten.

Der Inkakakadu bewohnt trockene und halbtrockene Gebiete im Inneren Australiens (ausgenommen im Nordwesten), West-, Südwest- und Südaustralien, Nordwest-Victoria und West-Neusüdwales (häufiger im Inneren). In der Umgebung von Sydney kleine Brutpopulationen durch entflogene Volierenvögel. Gelegentliche Wanderungen in den Südwesten von Queensland ostwärts bis Cunnamulla und Charleville. Die sehr ähnliche Unterart *C. l. mollis* kommt im Süden Westaustraliens vor, einige Vögel wurden in Westaustralien auch im Gebiet von Warburton und Carnamah gefunden. Inkakakadus ohne gelben Haubenstreifen kommen im gesamten Gebiet vor und sind nicht örtlich begrenzt.

Die Kakadus bevorzugen die halbtrockene und trockene Zone, auch Mallee-Gebiet, *Callitris-Eucalyptus*-Waldland und gemischte *Casuarina-Eucalyptus*-Bestände entlang felsiger Landschaften, außerdem *Acacia*-Buschland und vorwiegend mit Eukalyptusbäumen bestandene Feldränder und Wasserläufe.

Inkakakadus werden allgemein paarweise oder in kleinen Gruppen angetroffen. Gelegentlich sind sie mit Rosakakadus vergesellschaftet. Hin und wieder gibt es aber auch Schwärme von mehreren hundert Vögeln, häufig in *Casuarina*-Bäumen. Deren Samen verzehren sie sehr gern. Gelegentlich fallen sie in reife Weizenfelder ein, auch in früchtetragende Bäume und in Nußbäume. Die Brutzeit liegt zwischen August und Dezember. Als Brutplatz wird ein hohler Ast oder ein Loch in einem Baumstamm gewählt, bevorzugt in Eukalyptusbäumen. Die Höhlen liegen allgemein nur 3 bis 9 m über der Erde. Bevorzugt sind Standorte in Wassernähe. Auch in Horstunterlagen vom Keilschwanzadler *(Aquila audax)* wurde eine Höhle gefunden. Eindrucksvoll ist die Balz, vor allem durch die hervortretenden Signalfarben der Haube. Das Gelege besteht aus 2 bis 4, meistens drei Eiern. Weibchen und Männchen brüten abwechselnd. Nach etwa 30 Tagen schlüpfen die Jungen und werden von beiden Eltern versorgt. Um die 6. Lebenswoche fliegt der Nachwuchs aus und bleibt mehrere Monate mit den Eltern zusammen.

Allgemein sind Inkakakadus im Verbreitungsgebiet selten, auch wenn hin und wieder größere Zahlen von Vögeln beobachtet werden. Bestandsrückgänge haben ihre Ursache vor allem in den östlichen Staaten durch die Zerstörung des Lebensraumes. Anfangs führte die Kultivierung durch das Anlegen von Wasserstellen, Tränken usw. zu einer Bestandsförderung. Sie wurde allerdings, wahrscheinlich durch die ausgedehnten Rodungen von Mallee und dem natürlichen Buschland, zunehmend aufgehoben und erfuhr dann die negativen Beeinflussungen. In allen Staaten genießt der Inkakakadu gesetzlichen Schutz. Für seine Haltung in Australien ist eine Genehmigung der Naturschutzbehörden notwendig. Illegal gehaltene Vögel werden konfisziert und anschließend ausgewildert.

Bereits Mitte des vorigen Jahrhunderts kam der erste Inkaka-

Sieben Tage alter Inkakakadu

kadu in den Zoo London und somit nach Europa. Seither war der
Kakadu gelegentlich im Handel. Er hatte stets einen hohen Preis,
der nach der Ausfuhrsperre Australiens weiter kletterte und sich
trotz einer ganzen Zahl regelmäßiger Zuchterfolge weitgehend
hielt. Als Käfigvögel kommen die Kakadus schon allein wegen des
hohen Preises und der keineswegs häufigen Pflege in Volieren
nicht in Betracht. Das Zuchtziel steht seit Jahren erfreulicherweise
im Vordergrund. Die Stimme ist schrill, aber nicht störend. Eine
Außenvoliere muß mindestens 4 bis 6 m Länge haben und eine
Breite von 2 bis 3 m bei einer Höhe von 2 m mit anschließendem
mäßig warmem Schutzraum. Je größer die Voliere, um so problem-
loser ist die Jungenaufzucht. Nur eine Ganzmetall-Voliere kommt
wegen des großen Nagebedürfnisses in Betracht. Die Drahtstärke

sollte wenigstens 2 mm betragen. Das Futter ist übliches Kakadu-Futter. Eine Beregnungsanlage gehört zur Ausstattung, ansonsten wenigstens eine große flache Bodenschale mit Wasser.

Inkakakadus bereiten bei der Haltung keinerlei Probleme. In den letzten beiden Jahrzehnten gab es zunehmend und dann regelmäßig Zuchterfolge, die wegen der Angst vor Diebstählen kaum publiziert wurden. Zur Brut wird ein Paar stets allein gehalten. Es bezieht sowohl Höhlen in Naturstämmen als auch starkwandige Kästen aus Hartholz, die nicht tiefer als 60 bis 80 cm sein sollten. Der Höhlendurchmesser beträgt 25 bis 30 cm. Das Gelege liegt auf Holzmulm und besteht in Gefangenschaft aus 2 bis 5 Eiern. Aber auch größere Gelege bis zu 10 Eiern, von denen 7 befruchtet waren, hat es gegeben. Die Eiablage erfolgt meistens im Abstand von 2 bis 3 Tagen. Tagsüber brütet vor allem das Männchen, nachts das Weibchen. Nicht selten sucht es am Abend die flache, wassergefüllte Tränke auf, läßt das Gefieder durchnässen und löst so das Männchen in der Bruthöhle ab. Möglicherweise wird die Nässe für das Mikroklima in der Höhle benötigt. Die Brutdauer beträgt 27 Tage. In dieser Zeit wird reichlich Grünes geboten, gleichfalls während der Aufzuchtzeit, dann außerdem ein Aufzuchtfutter aus handelsüblichem Eifutter oder Eierstich mit geriebener Möhre, gehackte Vogelmiere und Löwenzahn. Um den 56. Lebenstag fliegen die Jungen aus. Bereits in den nächsten Tagen nehmen sie selbständig Futter auf, werden aber noch etwa vier Wochen intensiv von den Eltern gefüttert. Die ersten 14 Tage nach dem Ausfliegen wird der Brutkasten nachts von den Jungvögeln (nicht bei allen Paaren) zum Schlafen aufgesucht. Die Brutbereitschaft zutraulicher Vögel ist groß. Mehrfach brüteten langjährige Käfigvögel schon nach einem Jahr in Volieren. Inkakakadus zählen zu den guten Brütern und ziehen problemlos ihre Jungen auf. Allerdings verhalten sich manche Männchen sehr aggressiv gegenüber ausgeflogenen, noch unselbständigen Jungen. Solche Aggressionen können sofort beim Höhlenverlassen auftreten und mit Oberschnabelverlusten oder tödlichen Folgen enden. Eine sorgfältige Beobachtung in dieser Zeit ist dringend notwendig. Gegebenenfalls muß die Selbständigkeit per Handfütterung erreicht werden. Am besten nimmt man den Nachwuchs 2 bis 3 Tage vor dem Ausfliegen aus der Höhle. Als Ammen für Gelege und Junge empfehlen sich Kakadus, die eine gleiche Futterübergabe wie die Inkakakadus haben. Mehrfach gelangen Zuchterfolge mit Rosakakadus und eine teilweise Aufzucht bis zum Aufbrechen der Federkiele mit dem Nymphensittich. Selbst Singsittiche und Amazonen leisten in den ersten Tagen nach dem Schlupf erfolgreiche Dienste. Es schließt sich dann die Handaufzucht an.

## Gelbwangenkakadu *(Cacatua sulphurea)*

Männchen weiß, Ohrfleck gelb, Haube lang, nach oben gebogen, zitronengelb, Haubendeckfedern weiß. Übrige Federn von Kopf, Nacken und Kehle weiß, Federbasis gelb. Hals- und Nackenfedern an der Basis gelblich. Schnabel groß, gräulichschwarz, Iris braunschwarz, Augenring nackt und weißlich. Weibchen wie Männchen, aber Iris rotbraun. Jungvögel wie erwachsene Vögel, aber Iris dunkelgrau. Länge 33 cm. 6 Unterarten. Dazu gehören der Kleine Gelbhaubenkakadu oder Gelbwangenkakadu *(C. s. sulphurea)* und der Orangehaubenkakadu *(C. s. citrinocristata)*, der eine orangefarbene Federhaube und ebenso gefärbte Ohrflecke hat und auf der Insel Sumba vorkommt.

Das Verbreitungsgebiet erstreckt sich über die Inseln Sulawesi und Butung, Alor, Pantar, Tanahjampea, Kalao, Kalaotoa, Madu, Kayuadi, Tukangbesi-Inseln, Insel Salembu Besar in der Java-See, Inseln Lombok, Sumbawa, Flores, Penida, Timor, Semau und Sumba. Der Kleine Gelbaugenkakadu wurde durch den Menschen in Singapure eingeführt.

Der Gelbwangenkakadu bewohnt tropischen Regenwald, offenes Waldland, außerdem hält er sich auf Feldern und in Pflanzungen, gern an Waldrändern und in der Nähe von Siedlungen mit Plantagen (u. a. in Kokosnußplantagen), und selbst im Inneren geschlossener Wälder auf.

Die Kakadus leben paarweise und in kleinen Gruppen zusammen. Auf Nahrungsplätzen kommt es zu größeren Ansammlungen. Durch ihre laute Stimme machen sie schon aus der Ferne auf sich aufmerksam. Die Rufe sind schrille Schreie. Allgemein verhalten sich die Vögel scheu. Die Hauptbrutzeit liegt im September und Oktober. Gelegentlich wurden auch noch Gelege im Dezember gefunden. 3 bis 4 Eier bilden ein Gelege, das im Wechsel von Weibchen und Männchen etwa 24 Tage bebrütet wird. Der Legeabstand beträgt zwei Tage. Zwischen 60. und 65. Lebenstag fliegen die Jungen aus. Der Familienverband bleibt noch längere Zeit bestehen. Die Vögel der Unterart *C. s. occidentalis* sind durch die Abholzun-

Gelbwangenkakadu *(C. sulphurea)*

gen auf Flores deutlich weniger geworden. Alle übrigen Unterarten
sind nicht gefährdet. Auch aus den Höhlen entnommene Jungvögel
und der Fang scheinen die Bestände nicht negativ zu beeinflussen.

Bereits im 17. Jahrhundert kamen diese Kakadus durch Hollän-
der erstmalig nach Europa. Es sind beliebte Gefährten des Menschen, sowohl in ihrer Heimat als auch in Europa und den USA.
Von allen Kakadus werden sie weltweit am häufigsten gepflegt, da
sie am besten für eine Unterbringung in Käfigen und als Familien-

mitglied geeignet sind. Die Käfiggröße kann bei Zimmerfreiflug bzw. bei einer Haltung während der Tagesstunden auf einem Kletterbaum oder Bügel kleiner bemessen sein als für andere Papageien. Auch der Staub der Puderdunen wird in der Wohnung nicht zur Belästigung. Handaufgezogene Gelbwangenkakadus sind ausgesprochen liebenswerte und zahme Pfleglinge, die sich eng der Familie anschließen, besonders einem Familienmitglied. Wildfänge bleiben stets scheuer, häufig ängstlich. Sie schreien dann auch laut, was bei einem zahmen Vogel sehr selten vorkommt. Die Kakadus sind anspruchslose Pfleglinge, lernen gern Kunststücke und haben ein gutes Nachahmungstalent. Sie bedürfen aber täglicher Aufmerksamkeit. Ihr Kontaktbedürfnis ist besonders groß. Die optimalste Unterbringung erfolgt in einer Voliere. Das Außengehege sollte 3 bis 4 × 2 bis 3 m messen. Ein mäßig warmer Schutzraum im Winter ist erforderlich, ebenso eine Beregnungsanlage. Einzelvögel können auch gut mit anderen Papageien in der Gemeinschaft gepflegt werden. Gelbwangenkakadus sind unempfindlich und ausdauernd. Vom Kleinen Gelbhaubenkakadu und dem Orangehaubenkakadu gibt es sehr gute Volierenbestände mit Brutpaaren, die regelmäßig ihre Jungen aufziehen. Bei warmer Unterbringung kann die Brutzeit in jedem Monat des Jahres liegen. Gebrütet wird einmal, manchmal zweimal im Jahr. Zur Brut wird das Paar allein untergebracht. Gelegentlich benimmt sich das Männchen gegenüber dem Weibchen während der Brutzeit sehr aggressiv bis hin zur Todesfolge der Partnerin. Das Kürzen jeder 2. Schwinge vermindert deutlich das Risiko. Auch sind Störungen in und an dem Gehege zu vermeiden. Dazu gehört auch das Säubern der Anlage. Es werden sowohl Kästen aus Hartholz als auch Höhlen in Baumstämmen bezogen. In Volieren besteht ein Gelege meistens aus 2 bis 3 Eiern. Nach etwa 24 Tagen schlüpfen hier die Jungen. Beim Orangehaubenkakadu soll der Schlupf nach 28 Tagen erfolgen. Beide Eltern brüten und ziehen gemeinsam den Nachwuchs auf. In dieser Zeit benötigen sie reichlich tierisches Eiweiß. Häufig findet jetzt auch Gemüse, Obst und Grünes Beachtung, was vorher verschmäht wurde. Besonders sind halbreife Maiskolben zu empfehlen. Im Alter von 9 bis 10 Wochen verlassen die Jungen die Bruthöhle und sind nach weiteren 3 bis 4 Wochen futterfest. Als Amme für Gelege von kleinen Jungvögeln eignet sich der Nymphensittich. Bei Verlust oder Wegnahme eines Geleges kommt es meistens zu einem Nachgelege. Die Geschlechtsreife tritt im 3. bzw. 4. Lebensjahr ein.

## Gelbhaubenkakadu *(Cacatua galerita)*

Männchen weiß, Ohrgegend sowie Federwurzeln von Kopf und Kehle gelblich, Haubenfedern sehr lang, orangegelb, Haubendeckfedern weiß. Innenfahnen der Hand- und Armschwingen gelb. Äußere Schwanzfedern unterseits der Innenfahnen gelblich. Schnabel grauschwarz, Iris schwarzbraun, Augenring nackt und weiß. Weibchen wie Männchen, aber Iris rotbraun. Jungvögel wie erwachsene Vögel, Iris jedoch schwarzbraun. Länge 50 cm. 4 Unterarten. Dazu gehören neben dem Großen Gelbhaubenkakadu *(C. g. galerita)* u. a. der Tritonkakadu *(C. g. triton)* und der Eleonora-Gelbhaubenkakadu *(C. g. eleonora)*. Möglicherweise sind die Vögel letzterer Unterart Tritonkakadus.

Das Verbreitungsgebiet erstreckt sich über das nördliche, östliche und südliche Australien einschließlich Tasmanien und die Insel King, eingeführt an der Ostküste der Inseln Neuseelands, Nordaustralien einschließlich einiger der Küste vorgelagerter Inseln, Neuguinea und westlich gelegene Inseln, auch Insel in der Irian-Bucht, D'Entrecasteaux-Inseln und Louisiade-Archipel. Trobriand-Inseln und Murua, eingeschleppt auf Seram Laut und Gorong (Indonesien) und den Palau-Inseln im Pazifik, Aru-Inseln (Indonesien).

Die Kakadus bewohnen offene Waldlandschaften und sind auch häufig in hohlen Bäumen an Wasserläufen anzutreffen. Sie wurden im tropischen Regenwald der Kap-York-Halbinsel, in Mangroven am Carpentariagolf sowie in Kokosnußpalmen und Plantagen beobachtet. Zum Lebensraum gehören auch die mit Bäumen bestandenen Savannen. In Australien trifft man die Vögel oft nur lokal. In Nord-Queensland bewohnen sie die Tiefländer und kommen bis in etwa 200 m ü. NN vor. Der Tritonkakadu bewohnt Höhenlagen bis etwa 1 500 m ü. NN.

Die Kakadus sind auffallende und laute Vögel. Während der Brutzeit werden sie meistens paarweise und in Familienverbänden angetroffen. Danach bilden sie Schwärme bis zu mehreren hundert Vögeln. Sie sind ausgesprochen vorsichtig und haben im Süden des Verbreitungsgebietes ein besonderes Warnsystem. Mehrere Wächter befinden sich auf hohen Bäumen und melden den auf dem Boden suchenden Artgefährten jede Störung durch laute Rufe. Die Kakadus ernähren sich überwiegend von Früchten, Beeren, Samen und Nüssen der Bäume. In der offenen Landschaft suchen sie ihre

Mittlerer Gelbhaubenkakadu *(C. g. fitzroyi)*

Hauptnahrung auf dem Boden, die aus Samen, grünen Gräsern und Kräutern besteht. Die Brutzeit liegt je nach geographischer Lage bei der Größe des Verbreitungsgebietes in einem sehr breit gefächerten Zeitraum. Im Süden reicht sie von August bis Januar/ Februar. Nach Norden verlagert sie sich zunehmend in frühere Monate. So brüten die Vögel in Nordaustralien zwischen Mai und September, in Neuguinea und auf den umliegenden Inseln von Januar bis Mai. Die Paare beziehen hochgelegene Höhlen in Bäu-

Tritonkakadu *(C. g. triton)*

men, meistens in Eukalyptusbäumen. Bei einem geringen Höhlen-
angebot brüten die Vögel auch in Uferböschungen. Das Gelege
besteht aus zwei, selten aus drei Eiern. Die Jungen schlüpfen nach
etwa 30 Tagen. Das Männchen brütet tagsüber einige Stunden, ansonsten das Weibchen. Die Bebrütung erfolgt nach Ablage des ersten Eies, so daß der zweite Jungvogel etwa drei Tage später
schlüpft. Im Alter von 12 Wochen sind die Jungen flügge. Mehrere
Monate besteht der Familienverband, der sich schon bald der frü-

Großer Gelbhaubenkakadu *(C. g. galerita)*

heren Gruppe, aus der sich zu Beginn der Brutzeit das Paar abson-
derte, anschließt. Die Populationen sind stabil. In großen Teilen
Australiens gehören diese Kakadus zu den alltäglichen Vögeln,
hingegen in Nordaustralien und Tasmanien sind die Gelbhaubenkakadus keineswegs häufig. Sie genießen vollen gesetzlichen
Schutz in Westaustralien, im Nordterritorium und in Südaustralien, einen Teilschutz in Tasmanien, aber nicht in anderen Staaten.
Auf Neuguinea und den umliegenden Inseln waren die Kakadus

häufig, in der Gegenwart sind sie hier meist selten. Durch Jagd und Fang erloschen lokal Bestände.

Etwa ab 1850 kamen zunehmend die verschiedenen Unterarten nach Europa. Die Kakadus waren und sind gern gesehene Pfleglinge, nicht selten ein Symbol für den Wohlstand. Auch in ihrer Heimat leben viele Vögel in Menschenobhut. Jungtiere sind anhängliche, liebenswerte Hausgefährten. Sie haben ein bescheidenes bis gutes Nachahmungstalent, vor allem erlernen sie schnell akrobatische Kunststückchen und sind deshalb in Papageien-Schauen gute Darsteller. Das Nagebedürfnis ist groß. Die Schreie, vorwiegend in den Morgen- und Abendstunden ausgestoßen, schallen sehr weit. Zum Aufbau von Volierenbeständen sollten in der Gegenwart alle Vögel zur Zucht eingesetzt werden. Allein durch die Handaufzucht zu stark auf den Menschen geprägte Tiere, die sich für keinen Partner interessieren, haben eine Rechtfertigung, als Familienmitglieder einzeln gepflegt zu werden. Dann ist ein Käfig in

Lage der Puderdunenflur auf dem Oberschenkel eines jungen Gelbhaubenkakadus (Flügel angehoben, schematisiert)

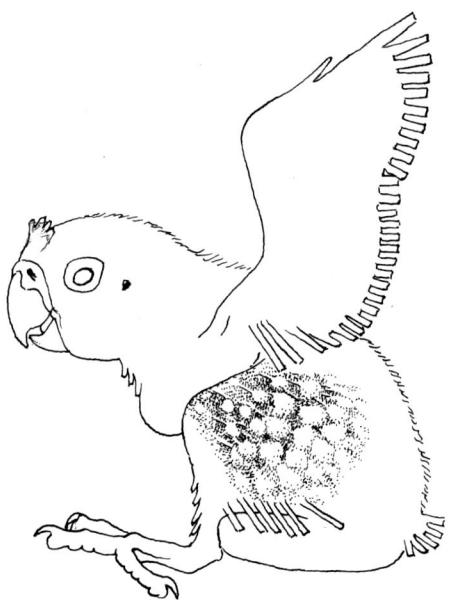

der Kombination mit einem Kletterbaum oder Bügel angebracht. Außenvolieren mit mäßig warmem Schutzraum müssen aus Ganzmetall sein mit einer Drahtstärke von 3 mm. Der Standort sollte Südlage haben. Als Futter genügt übliches Kakadu-Futter. Eine Beregnungsanlage ist notwendig.

In vielen Ländern kam es zu Zuchterfolgen. Bedauerlicherweise wurden nicht selten Vögel verschiedener Unterarten miteinander verpaart, so daß ein Teil der Volierenbestände aus Mischlingen besteht. Die Paare werden allein untergebracht. Die Aufzucht gestaltet sich problemlos. Höhlenkontrollen sollten unterbleiben. Selbst ein über 40 Jahre altes Weibchen – bis dahin Käfigvogel – vom Großen Gelbhaubenkakadu legte und brütete erstmalig bei Dr. Burkard, Baar/Schweiz, in der Voliere. Es zeigt sich also, daß selbst ältere Käfigvögel noch gut für eine Zucht einsetzbar sind. Als Brutplätze werden starkwandige Hartholzkästen zwischen 1 und 1,5 m Tiefe und mit einer Bodenfläche von 40 × 40 cm gern genommen, besonders schräge Kästen (45°). Aber auch Höhlen in Baumstämmen beziehen die Vögel gern. Erfolgreiche Bruten wurden auch in weniger tiefen Kästen erzielt. Die starke Nagetätigkeit macht eine teilweise Sicherung des Kastens mit Blech erforderlich. Die Brutdauer beträgt etwa 30 Tage. Männchen und Weibchen brüten. In den ersten Lebenstagen wird alle zwei Stunden der Nachwuchs gefüttert, kurz vor dem Ausfliegen nur noch einmal am Morgen und am Abend. Beide Eltern sind zu gleichen Teilen an der Aufzucht der Jungen beteiligt. 10 bis 14 Tage nach dem Ausfliegen benötigen die Jungkakadus zunehmend weniger tierisches Eiweiß.

### Brillenkakadu *(Cacatua ophthalmica)*

Männchen weiß, lange Rundhaube mit gelbem inneren Federkranz, Schnabel schwarz, Iris braun, Augenring nackt und tiefblau (Name!). Weibchen wie Männchen, aber Iris rötlich. Jungvögel wie erwachsene Vögel. Länge 50 cm. Keine Unterarten.

Das Verbreitungsgebiet umfaßt Neubritannien und Neuirland im Bismarck-Archipel.

Die Vögel bewohnen primären Regenwald und teilweise gerodete Gebiete, sind häufig im Tiefland und Vorgebirge bis in Höhenlagen von ungefähr 900 m ü. NN in Neubritannien, selten in höheren Lagen.

Brillenkakadus werden paarweise und in Gruppen zu etwa

20 Vögeln angetroffen. Abends suchen sie ihre Schlafbäume auf. Während des Fluges verständigen sie sich durch rauhe Schreie, ebenso bei Erregung und Gefahr. Bereits von weitem sind die Tiere zu hören. Auch außerhalb der Brutzeit besteht ein enger Paarkontakt. Die Nahrung besteht aus Samen, Nüssen, Früchten, Beeren und verschiedenen Insekten und ihren Larven. Brutbiologische Einzelheiten sind nicht bekannt. Die Brillenkakadus sind auf Neubritannien zahlreich. Die ersten Vögel kamen in den 60er Jahren des vorigen Jahrhunderts nach Europa. Insgesamt gab es nur wenige Einfuhren in kleinen Stückzahlen. In der Gegenwart gehören Brillenkakadus zu den Seltenheiten in den Volieren. Ihre Pflege bereitet keine Probleme. Die Vögel werden bald zutraulich. Eine Käfighaltung ist wegen der Seltenheit in Menschenhand abzulehnen. Zuchtgemeinschaften sollten gebildet werden. Eine Unterbringung in mittelgroßen Außenvolieren mit mäßig warmem Schutzraum ist die beste Haltungsform. Die Kakadus erhalten das übliche Futter. Für eine Beregnungsanlage sind sie dankbar. Die Paare werden allein untergebracht. Das Gelege besteht allgemein aus zwei Eiern. Als Aufzuchtfutter hat sich folgende Kost bewährt: Neben dem üblichen Futter bekommt ein Paar täglich zwei Hände voll Maden, ungeschälten Reis, Glanz und viele Äpfel. Insgesamt gibt es in der Welt nur sehr wenige Zuchterfolge.

### Molukkenkakadu *(Cacatua moluccensis)*

Männchen weiß bis zartrosa, Haube rund, Deckfedern rosa, dahinter lange, mennigrote, zerschlissene Haubenfedern (sehr attraktiv), unterseits intensiver lachsfarben. Hand- und Armschwingen mit orangegelben Innenfahnen, auf der Unterseite intensiver gefärbt, ebenso äußere Schwanzfedern. Schnabel grauschwarz, Iris braunschwarz, Augenring nackt und bläulichweiß. Weibchen wie Männchen, aber etwas kleiner, Schnabel ebenfalls kleiner, Iris wie beim Männchen. Jungvögel wie erwachsene Vögel, aber Iris schwarz. Die Intensität der Färbung und die Größe der Vögel variiert. Länge bis 52 cm. Keine Unterarten.

Das Verbreitungsgebiet umfaßt die Inseln Seram, Saparua und Haruku sowie südliche Molukken. Durch den Menschen hat sich ein kleiner Bestand auf der Insel Ambon entwickelt.

Molukkenkakadus bewohnen überwiegend Küstengebiete und kleinere Inseln. Allgemein leben die Kakadus in tieferen Lagen, aber auf Seram kommen sie auch in 1 000 m ü. NN vor. Häufig sind sie auf landwirtschaftlichen Nutzflächen und in Kokosnußplantagen anzutreffen. Hier richten sie nicht selten größere Schäden an.

Die Kakadus leben paarweise und in Gruppen zusammen, allein an Futterplätzen versammeln sich mehrere Vögel. Sie haben ihre angestammten Schlafbäume. Am Morgen suchen sie in größeren Flughöhen die nahrungsbietenden Plätze auf. Wegen der Schäden in der Landwirtschaft, vor allem in Kokosnußplantagen, werden sie da und dort verfolgt. Der Beginn der Brutzeit liegt Ende März bis Anfang April. Die Paare wählen hochgelegene Baumhöhlen. Das Gelege besteht aus zwei Eiern, die im Abstand von 2 bis 5 Tagen gezeitigt werden. Die Bebrütung beginnt nach Ablage des ersten Eies. Überwiegend das Weibchen brütet. Nach 30 Tagen schlüpfen die Jungen und verlassen erstmalig um den 90. Lebenstag die Bruthöhle. Die Bestände sind wahrscheinlich stabil. Als Schädlinge der Landwirtschaft wurden die Kakadus bekämpft, allerdings in den letzten Jahren erfolgte kein Abschuß mehr. Stark gefährdet.

Viele von ihnen kommen seit Jahrzehnten zu Händlern nach Europa und in die USA, in großen Stückzahlen vor allem in den letzten Jahren. Allgemein treffen die Vögel in einem guten Gefiederzustand ein, und ihre Eingewöhnung bereitet keine Probleme. Sie sind ausdauernd und erreichen häufig ein hohes Alter. Einzelvögel in der Wohnung neigen zum Federrupfen. Sie verfügen über eine laute Stimme. Zahme Tiere sind weit weniger ruffreudig. Das Nagebedürfnis ist sehr groß. Als Hausgefährte wird der Molukkenkakadu am besten auf einem Ständer oder Bügel gehalten. Diese Pflege kann aber nur bei Anwesenheit eines Familienmitgliedes praktiziert werden, ansonsten sind Schäden an der Einrichtung unausbleiblich. Auch der reichlich anfallende Staub der Puderdunen bereitet in der Wohnung Probleme. Der Molukkenkakadu ist in seinem Wesen ausgesprochen liebenswert, lernt sehr schnell, hat ein vortreffliches Gedächtnis und Nachahmungstalent. Er ist verspielt, u. a. schlägt er Purzelbäume und gehört deshalb in Papageien-Schauen zu dem festen Tierinventar. Die beste Pflege ist natürlich in einer Außenvoliere aus Ganzmetall mit anschließendem mäßig warmem Schutzraum. Die Überwinterung sollte nicht unter 15 °C vorgenommen werden. Die Länge des Geheges muß bei der Größe des Vogels 5 bis 6 m betragen, die Breite 2 bis 3 m. Der Gehegedraht hat wenigstens 3 mm stark zu sein. Dicke Sitzstangen aus Hartholz müssen häufig erneuert werden. Das große Nagebedürfnis wird durch die ständige Bereitstellung frischer Äste gemindert. Besonders zu Beginn der Brutzeit nagen die Vögel gern. Bei der Unterbringung ist zu bedenken, daß die Nachbarn durch die durchdringenden Schreie nicht belästigt werden. Das Futter der Molukkenkakadus besteht aus dem üblichen Kakadu-Futter. Eine Beregnungsanlage wird an der Außenvoliere angebracht. Mehrere Zuchterfolge gelangen in der Welt. Sie sind trotzdem keineswegs häufig. Die Paare werden allein untergebracht, brüten sowohl in Kästen als auch in Baumhöhlen. Die Wände müssen ausgesprochen dickwandig und aus Hartholz sein. Die Zucht gelingt anscheinend mit zahmen Vögeln weit besser, selbst mit solchen, die jahrelang als Hausgefährten gelebt haben. Molukkenkakadus brauchen wohl mehrere Anläufe für eine erfolgreiche Brut. Nicht selten zerbeißen sie die höhlenhockenden Jungvögel. Bei vermeintlichen Gefahren und Störungen schreien sie fürchterlich. Bei einer ganzjährig warmen Unterbringung ist die Brutzeit nicht an bestimmte Monate gebunden. Als Aufzuchtfutter dient Brot, Milch und Honig, Grünes, Hanf, Hirse und Sonnenblumenkerne. Von manchen Paaren wurde Obst gar nicht beachtet, andere nahmen es hingegen gern, wenn auch unterschiedlich viel und mit freien Intervallen. Das Gelege besteht aus 1 bis 2 Eiern. Es benötigt wahrscheinlich eine größere Feuchtigkeit in der Bruthöhle. Die Jungen schlüpfen nach 30 Tagen.

## Weißhaubenkakadu *(Cacatua alba)*

Männchen weiß, Kopfhaube breit, reinweiß. Innenfahnen der Hand- und Armschwingen sowie äußere Schwanzfedern gelblich. Schnabel schwarz, Iris schwarz, Augenring nackt und bläulichweiß. Weibchen wie Männchen, aber Iris bräunlichrot. Jungvögel wie erwachsene Vögel, aber Iris schwarz, bei jungen Weibchen im ersten Lebensjahr Iris graubraun. Länge 46 cm. Keine Unterarten.

Ihr Verbreitungsgebiet umfaßt die Inseln Obi, Bacan, Halmahera, Ternate und Tidore der mittleren und nördlichen Molukken (Indonesien). Hier bewohnen sie tropische Regenwälder, Mangroven und Kulturland.

Über ihre Lebensweise gibt es nicht viele Informationen. Allge-

Weißhaubenkakadu in Ruhe (oben) und bei der ausgiebigen Gefiederpflege

mein werden Weißhaubenkakadus paarweise und in kleinen Gruppen in Baumkronen oder fliegend gesehen. In den Bäumen suchen sie Früchte, Beeren, Nüsse und Samen. Bei Erregung stellen sie die eindrucksvolle Haube auf. Die Brutzeit ist wahrscheinlich an keine bestimmte Jahreszeit gebunden. Ursache sind die günstigen Klimaverhältnisse und das damit verbundene Nahrungsangebot. Meistens besteht das Gelege aus zwei Eiern. Die Populationen scheinen stabil zu sein.

Der Weißhaubenkakadu ist ein attraktiver, sehr liebenswerter Pflegling. Junge Einzeltiere schließen sich im Haus eng dem Pfleger an, beißen auch niemals mit dem kräftigen Schnabel. Nur einem Familienmitglied gilt meistens die ganze Gunst. Oftmals wird dann bei Anwesenheit eines Dritten ein eindrucksvolles Imponiergehabe demonstriert. Ein unbeobachteter Aufenthalt außerhalb des Käfigs kann böse Folgen an der Zimmereinrichtung haben. Das Nachahmungstalent ist oftmals sehr gut. Sie ahmen Bewegungen und Worte nach. Trotzdem besteht wegen der lauten Schreie keine große Nachfrage. Allerdings sind Vögel bekannt, die keineswegs häufiger rufen als Gelbhaubenkakadus *(C. galerita)*. Groß ist das Nagebedürfnis. In Volieren verhalten sich Paare überwiegend scheu, auch wenn sie vorher zahme Hausgefährten waren. Die Eingewöhnung ist problemlos. Danach sind die Vögel meistens hart und ausdauernd. Unter den Weißhaubenkakadus gibt es relativ viele Rupfer, vor allem bei Einzelhaltung. Langeweile ist für diese Kakadus eine Strafe. Das einmal so geschädigte Federkleid wird selten wieder vollständig. Abgesehen von der Unterbringung in Käfigen mit Bügelhaltung oder Kletterbaum kommt nur eine Pflege in Ganzmetallvolieren mit wenigstens 3 mm Drahtstärke in Frage. Die zerstörende Kraft der Schnäbel ist gewaltig! Als Futter bekommen die Vögel die übliche Kakadu-Kost. Eine Beregnungsanlage macht sich notwendig. Die Überwinterung erfolgt bei etwa 15°C. Während starken Frostes sollte nur ein kurzer Ausflug in das Außengehege gewährt werden, ansonsten erfrieren leicht die Füße. In mehreren Ländern kam es zu Zuchterfolgen. Die Paare werden allein gehalten. Sie beziehen Brutkästen aus Hartholz und dickwandige Baumhöhlen, wählen aber auch auf dem Boden des Innenraumes stehende Kästen. Tiefen Höhlen (etwa 1,50 m) mit einem Durchmesser von 40 cm in Baumstämmen gilt ihre Vorliebe. Häufig werden die Höhlendeckel zernagt. Schlupf nach 29 bis 30 Tagen. Gelege 1 bis 2 Eier. Die Fütterung durch die Eltern sollte engmaschig überwacht werden, um rechtzeitig die Nachfütterung über eine Spritze wahrnehmen zu können. Hierfür kann eine Futtermischung aus einer handelsüblichen Babynahrung, Reis, gekochten feinen Haferflocken, Grieß, rohem Eigelb, einem Multivitaminpräparat und einem Mineralstoffgemisch als sämiger Brei in den ersten Wochen mittels Futterspritze zwischen 6 und 22 Uhr achtmal täglich verabreicht werden. Wegen der Gefahr der Kropfüberdrehung dürfen die Portionen nicht zu groß sein. Später erfolgt die Fütterung vom Löffel und wird auf sechs Portionen pro Tag verkürzt. Etwa im 7. Lebensmonat wird die anfangs graubraune Iris des Weibchens bräunlichrot.

### Rotsteißkakadu *(Cacatua haematuropygia)*

Männchen weiß, Haube klein und breit, Federbasis rot, Ohrgegend gelblichweiß, Innenfahnen der Hand- und Armschwingen gelblich. Unterschwanzdecken orangerot mit weißlichen Säumen. Schwanz unterseits gelblich. Äußere Schwanzfedern auf den Innenfahnen orangegelblich. Schnabel weißlich hornfarben. Iris braunschwarz, Augenring nackt und hellbläulich weiß. Weibchen wie Männchen, aber Iris rotbraun. Jungvögel wie erwachsene Vögel, aber Unterschwanzdecken lachsfarben, Iris schwarz, nach drei Jahren vollständig umgefärbt. Länge 31 cm. Keine Unterarten.

Das Verbreitungsgebiet umfaßt die Philippinen einschließlich Palawan und Inseln in der Sulusee. Dort bewohnen sie tropische Wälder, Waldränder an Feldern und Rodungsflächen, auch Sekundärwälder. Zur Reifezeit des Getreides und von Reis besuchen sie auch das Kulturland.

Die Kakadus leben paarweise, in Familienverbänden und in kleinen Gruppen zusammen. Nur auf den Nahrungsplätzen und in den Schlafbäumen kommt es zu größeren Gesellschaften. Der Flug ist schnell und geradlinig, wobei die Vögel trotzdem sehr fluggewandt sind. Ihre Nahrung besteht vorwiegend aus Samen, Früchten des Waldes, Blattknospen, Blüten, Insekten und deren Larven, auch aus reifem Reis und Getreide. Örtlich richten sie auf den Feldern manchmal größere Schäden an. Nur wenige brutbiologische Einzelheiten sind bekannt. Die Brutzeit liegt in der Regenzeit. Gelege und Jungvögel fand man im Mai und Juni in Baumhöhlen. Die Gelege bestehen aus 2 bis 4 Eiern. Nach etwa 24 Tagen schlüpfen die Jungen. Auf fast allen Inseln sind Rotsteißkakadus allgemein recht

häufig. Möglicherweise führten Rodungen aber auch zu Bestandsrückgängen.

Bereits 1845 besaß der Zoo London drei Vögel. Auch Hagenbeck
in Deutschland hatte zu dieser Zeit mehrere Exemplare. Bis Mitte
der 70er Jahre d. Jh. wurden Rotsteißkakadus selten nach Europa
und in die USA gebracht. Erst danach kam es zu häufigeren Angeboten. Ihre Eingewöhnung bereitete keine Schwierigkeiten. Es sind
liebenswerte und aufgeweckte Kakadus. Die Jungvögel schließen
sich bald dem Menschen an. Sie sind nur in den Morgen- und
Abendstunden ruffreudig. Die Stimme ist nicht sehr laut. Alte
Wildfänge bleiben meistens scheu. Die Mauser der Rotsteißkakadus bereitet häufig Probleme. Meist wird nach der ersten Mauser in
Gefangenschaft das Federkleid zunehmend schlechter, vor allem
sind Schwingen und Schwanzfedern betroffen. Die Vögel können
dann trotz abwechslungsreicher Ernährung und bester Unterbringung nur noch ein oder zwei Jahre am Leben erhalten werden.
Weibchen erkranken häufiger als Männchen. Viele Importvögel
wurden so verloren. Nach der ersten und zweiten gut überstande-
nen Mauser in der Voliere sind die Tiere allgemein in den folgenden Jahren problemlos zu pflegen. Bereits beim Kauf muß deshalb
auf die Vollständigkeit des Gefieders geachtet werden. Dunkle
Blutkiele sind sichere Zeichen des baldigen Endes. Mausernde Federn mit etlichen gesunden roten Kielen im Großgefieder können
allerdings bedenkenlos in Kauf genommen werden. Die beste Unterbringung ist eine Außenvoliere von 3 bis 4 × 2 bis 3 m Grundfläche und 2 m Höhe mit mäßig warmem Schutzraum im Winter.
Zuchtpaare benötigen größere Volieren, da das Männchen in der
Brutzeit gegenüber seiner Partnerin häufig sehr aggressiv ist, so daß
blutige Zwischenfälle mit Oberschnabelverlusten oder gar dem Tod
des Weibchens nicht selten beklagt werden. Das Beschneiden der
Schwingen eines Flügels (die drei äußersten bleiben stehen) mindert dieses Manko. Allerdings treten manchmal negative Folgen
bei der Paarung auf. Besser ist das Kürzen jeder zweiten Schwinge,
vor allem sollte in der Trennwand vom Innenraum zur Außenvoliere bodennah eine zweite Ausflugsöffnung zur Flucht für das
Weibchen vorhanden sein. Die Rotsteißkakadus erhalten das übliche Kakadu-Futter. Zur Brutvorbereitung wird täglich ein Teelöffel
Ameisenpuppen und Weichfutter gereicht. Eine Beregnungsanlage
ist notwendig. Es gibt nicht viele Zuchterfolge in der Welt, darunter einige in der Schweiz. Die Paare werden allein gehalten. Das

Gelege besteht allgemein aus 2 bis 3 Eiern. Die Bruthöhle bzw. der Brutkasten sollte tief sein (ca. 1,60 m). Die lebhafte Balz findet vor allem abends statt. Zum Benagen wird ein morscher Baumstamm zur Verfügung gestellt. Nach etwa 30 Tagen schlüpfen die Jungen. Zur Aufzucht haben sich gekeimte Sonnenblumenkerne, Kolbenhirse, Weizen, Hafer, viel Grünes und übliches Claus-Weichfutter mit viel Ei, Äpfeln und anderen Früchten bewährt. Ständig frische Zweige sind notwendig. Um den 60. Lebenstag fliegen die Jungen aus. Brutstimulierend wirkt auf Rotsteißkakadus, wenn das Einflugloch zur Bruthöhle bis auf einen Spalt zugenagelt wird. Sie nagen sich dann den Eingang frei. Weitere Einzelheiten sind nicht bekannt.

### Goffin's Kakadu (*Cacatua goffini*)

Männchen weiß, Zügel rosafarben, Haube klein und rund, Kopf mit rosa Anflug. Flügel unterseits gelblich, Schwanzunterseite gelblichweiß. Schnabel weißlich, Iris schwarzbraun, Augenring nackt und weiß. Weibchen wie Männchen, aber Iris rötlichbraun. Jungvögel wie erwachsene Vögel, rosafarbene Zügel nur angedeutet, Iris dunkelbraun. Länge 32 cm. Keine Unterarten.

Die Heimat dieses Kakadus sind die Tanimbar-Inseln, auf Tual (Kai-Inseln) durch den Menschen verbreitet. Die Art kommt nur auf den größeren Inseln vor. Goffin's Kakadus bewohnen Wälder, besuchen aber auch das Kulturland.

Über ihre Lebensweise gibt es kaum Informationen. Die Kakadus werden paarweise und in Familienverbänden angetroffen, auch in kleinen Gruppen. In Maispflanzungen richten sie lokal hin und wieder Schäden an, werden aber deshalb nicht verfolgt. Die Brutzeit ist wohl an keine Jahreszeit gebunden, also das ganze Jahr über soll es brütende Paare geben. Das Gelege besteht aus 2 bis 3 Eiern, selten sind es 4 Eier. Die Vögel sind allgemein in den Wäldern häufig. Der Holzeinschlag seit 1970 durch japanische Firmen hat sicherlich zu einem Populationsrückgang geführt.

Seinen Namen erhielt der Kakadu 1863 von Dr. O. Finsch, der ihn nach seinem Freund A. L. A. Goffin benannte. Erst ab der 70er Jahre d. Jh. kam es zu mehreren Einfuhren von kleinen Stückzahlen in Europa. Die Eingewöhnung verläuft problemlos. Es sind lebhafte Vögel, die durch ihre Rufe in der Nacht auf ihre Aktivität hinweisen, besonders in hellen Mondnächten. Sie rufen laut, was

Goffin's Kakadus *(C. goffini)*

bei der Anschaffung wegen der Nachbarschaft bedacht werden sollte. Der Kakadu ist ein vorzüglicher Volierenvogel. Handaufgezogene Tiere bereiten als Haustiere sehr viel Freude. Da Goffin's Kakadu bisher keineswegs häufig gezogen wurde, sollte er nur für Zuchtabsichten gepflegt werden. Er ist ein ausdauernder Volierenvogel. Für seine Unterbringung wird eine mittelgroße Außenvoliere aus Ganzmetall mit Schutzraum für eine mäßig warme Überwinterung benötigt. Ein schattiger Platz in der Außenvoliere zum Ruhen und eine Beregnungsanlage sollten vorhanden sein. Das Nagebedürfnis ist meistens groß.

Zuchterfolge gelangen schon in großen Käfigen. Das zur Brut allein untergebrachte Paar zeigt Wochen vor und während der Brutzeit eine große Nageaktivität. Die Vögel wählen sich gern Höhlen mit einer Tiefe von 50 bis 60 cm. Viele Männchen sind während der Brutstimmung recht aggressiv gegenüber der Partnerin. Trotzdem kommt es täglich zu mehreren Kopulationen bis zur Eiablage. Allgemein besteht das Gelege aus 2 bis 3 Eiern. Der Legeabstand beträgt 2 bis 3 Tage. Höhlenkontrollen sollten unterbleiben. Während der Aufzucht wird das Angebot an Gemüse, auch frischen Maiskörnern, erhöht. Außerdem hat sich ein Milchpulver mit hohem Proteingehalt, gewöhnliche Trockenmilch, Weizenkeimflokken, Knochenmehl und geschabte Sepiaschale mit gehacktem Spinat, geriebener Möhre und frischen Maiskörnern als Futtermischung bewährt. Etwa drei Wochen nach dem Ausfliegen haben die Jungen ihre Selbständigkeit erreicht. Nach weiteren 2 bis 3 Wochen sollten sie von den Eltern getrennt untergebracht werden.

**Nacktaugenkakadu** *(Cacatua pastinator)*

Bei Männchen und Weibchen sind die Federbasis von Kopf, Haube, Kehle und Brust sowie die Zügel lachsfarben, ansonsten weiß. Rundhaube klein. Innenfahnen der Hand- und Armschwingen und der äußeren Schwanzfedern gelblich. Schnabel länglich gestreckt, gräulich-hornfarben. Iris dunkelbraun, Augenring groß, nackt und blaugrau, unter dem Auge weit ausgedehnt. Jungvögel wie erwachsene Vögel, aber kürzerer Schnabel, nackter Augenring mehr gräulich. Länge 38 cm. 4 Unterarten.

Ihre Heimat ist der äußerste Südwesten und Westen von Westaustralien, außerdem das mittlere Westaustralien, die Mitte der Westgrenze Nordaustraliens bis zum mittleren und südlichen Queensland, südwärts von Nordaustralien bis in den Osten Südaustraliens und den Nordwesten von Victoria, das nördliche Westaustralien und nordwestliche Nordaustralien, die Inseln Bathurst, Melville, Goulburn, Milingimbi, Maria, Groote Eylandt und die Südwest-Inseln der Sir-Edward-Pellew-Inseln. Außerdem auf weiteren küstennahen Inseln, Nord-Queensland (aber nicht den Kap-York-Halbinseln) und im küstennahen Teil des Nordostens, südliches Neuguinea.

Nacktaugenkakadus in Westaustralien

Ihr Lebensraum sind offene Wälder und Buschsavannen mit Wasserläufen, baumbestandene Wasserstellen. Vögel der Unterart *C. p. gymnopis* gehören zu den Gefiederten der trockenen Inlandzone, die allerdings Wasserstellen haben muß. Im Norden Australiens sind die Nacktaugenkakadus in unterschiedlichen Lebensräumen heimisch, einschließlich in Mangroven und Siedlungen. Allerdings meiden sie geschlossene Wälder. Auf Neuguinea hingegen leben sie im Wald, werden auf hohen Bäumen, an Flußläufen und im nahen Grasland angetroffen. Sie besuchen landwirtschaftlich genutzte Flächen und Gärten, nicht selten in größerer Zahl.

Die Kakadus sind laute und auffällige Vögel. Außerhalb der Brutzeit bilden sie Schwärme von Hunderten oder gar Tausenden Exemplaren. Aber auch hier halten die Paare eng zusammen. Im Landesinneren leben die Vögel wahrscheinlich nomadisch, an der Küste und in küstennahen Landschaften sind sie Standvögel. Vorwiegend halten sie sich in Wassernähe auf und besuchen immer dieselben Schlafbäume. Die Nahrung besteht aus Samen von Gräsern und Kräutern, Nüssen, Früchten, Beeren, Blüten und Wurzeln, Insekten und ihren Larven. Gern verzehren sie reifenden Mais, aber auch Samen von verschiedensten Unkräutern. Wegen der Schäden auf den Feldern, wo sie örtlich zu Tausenden einfallen, werden sie verjagt und auch abgeschossen. Andererseits sind sie durch den Verzehr des Unkrautes *Emex australis* in einigen Gebieten Nord-Westaustraliens geschützt. Die Brutzeit in Südost-Australien beginnt im August, im Nordwesten Australiens im Mai/Juni, gleichfalls im nördlichen Nordaustralien. Paare im Nordosten Australiens und auf Neuguinea beziehen ihre Höhlen im Dezember/Januar. Aufgrund der extremen klimatischen Bedingungen im Landesinneren brüten die Vögel in Abhängigkeit von den Regen-

Nacktaugenkakadu. Wie alle Kakadus, verwendet er häufig seinen Fuß bei der Nahrungsaufnahme als »Hand«.

fällen zu unterschiedlichen Zeiten. Ein Paar schert dann aus dem Schwarm aus und bezieht einen hohlen Ast oder eine Höhle in einem Baumstamm, auch Klippenspalten und Löcher in Termitenhügeln werden von ihnen belegt. Der beliebteste Brutbaum ist *Eucalyptus* spec. Die meisten Höhlen liegen zwischen etwa 3,5 und knapp 10 m Höhe. Alle Eingänge werden von den Kakadus benagt. Die Gelegegröße schwankt zwischen einem und vier Eiern. Der Legeabstand beträgt 1,5 bis 2 Tage. Männchen und Weibchen brüten abwechselnd. Nach 23 bis 25 Tagen schlüpfen die Jungen und fliegen nach 45 bis 55 Lebenstagen aus. Wenige Tage später kehrt der Familienverband in den Schwarm zurück. Dieser besteht während der Brutzeit aus noch nicht fortpflanzungsfähigen Tieren oder Paaren, deren Gelege oder Brut verlorengingen. Die Kakadus sind häufig. Außer *C. p. pastinator* vergrößern alle Unterarten ihr Verbreitungsgebiet, so daß es auch zu Überschneidungen der geographischen Grenzen zwischen den Unterarten kommt. Nacktaugenkakadus sind in Südaustralien und in weiten Gebieten Westaustraliens nicht geschützt, allerdings in allen übrigen Gebieten ihres Vorkommens. Regulierende Kontrollmaßnahmen in Reisanbaugebieten Nordaustraliens können erlaubt werden. In Neuguinea sind die Vögel nicht selten.

Etwa 1865 kamen die ersten Vögel nach London und somit nach Europa. In den folgenden Jahrzehnten wurden nur wenige importiert. Erst ab Ende der 70er Jahre wurden diese Kakadus aus West-Irian (Neuguinea) in großer Zahl auf dem Vogelmarkt angeboten. Das Interesse an ihnen als Hausgefährten blieb in Europa gering. Hingegen sind sie in Australien wegen ihrer großen Gelehrigkeit ausgesprochen beliebte Käfigvögel. Manche von ihnen ahmen über hundert Worte nach, obendrein noch situationsgerecht. Jungvögel werden sehr zahm und suchen regelrechten Kontakt in einer Familie. Bei einigen Vögeln stört die laute Stimme in der Wohnung. In Volieren ist der Kakadu bei den Papageienliebhabern nicht häufig anzutreffen. Die mangelnde Nachfrage in Europa führte zu den seltenen Einfuhren. Die Eingewöhnung bereitet keine Probleme. Es sind ausdauernde und anspruchslose Pfleglinge. Sie sind ruffreudig, und ihre Stimme ist laut, außerdem gehören sie zu den intensiven »Nagern«. Der Zuchtgedanke sollte wegen des Aufbaues von stabilen Gefangenschaftsbeständen im Vordergrund stehen. Die beste Unterbringung ist eine Außenvoliere mit frostfreiem Schutzraum. Nur eine Ganzmetall-Konstruktion des Außengeheges kommt in Betracht. Die laute Stimme ist wegen der Nachbarn bei der Anschaffung zu berücksichtigen. Als Futter erhalten sie die übliche Kakadu-Kost. Grabfreudigkeit macht regelmäßige Kotuntersuchungen wegen Wurmbefall und Wurmkuren (2 × im Jahr) notwendig. Sie graben noch mehr als die Nasenkakadus. Beregnungsanlage! Nacktaugenkakadus brüten relativ leicht und dann meistens auch alljährlich. Sie nehmen sowohl Brutkästen, kleine Holzfässer, als auch Bruthöhlen in Stämmen als Brutplätze. Nicht selten muß der Brutkasten zum großen Teil mit Blech verkleidet werden, um dem Nagebedürfnis des Paares zu widerstehen. Manche Paare tragen frische Zweigstücken für eine Gelegeunterlage ein. Es kommt allgemein zu einer Jahresbrut, selten gibt es zwei Bruten. Bei Entfernung eines Geleges wird überwiegend ein Nachgelege gezeitigt, manchmal mehrere. Der Trinkwasserverbrauch steigt während der Aufzucht deutlich an. Etwa 3 bis 4 Wochen nach dem Ausfliegen sind die Vögel futterfest, betteln aber sechs Wochen nach dem erstmaligen Höhlenverlassen die Eltern an. Einige Wochen kann der Familienverband in einer größeren Voliere gut bestehen bleiben.

### Nasenkakadu *(Cacatua tenuirostris)*

Männchen und Weibchen weiß, schmales Stirnband, Zügel, Augenumgebung und Kehlstreifen bis zur Oberbrust orangerot, ebenso Federbasis von Haube, Kopf, Nacken, Ober- und Unterbrust. Rundhaube klein, eng anliegend. Innenfahnen von Hand- und Armschwingen und der äußeren Schwanzfedern, vor allem der Unterseite, gelblich. Schnabel gräulich-hornfarben, Oberschnabel stark verlängert, Iris dunkelbraun, Augenring groß, nackt und graublau, unter dem Auge ausgedehnt. Jungvögel wie erwachsene Vögel, aber orangerote Färbung weniger intensiv, Haube kleiner, Oberschnabel kürzer. Länge 38 cm. Keine Unterarten.

Ihr Verbreitungsgebiet ist das südöstliche und südwestliche Australien. Hier bewohnen sie Wälder und baumbestandene Savannen, Bäume an Wasserläufen und Weiden und kommen auch auf Getreidefelder. Vorwiegend leben sie jedoch in Wassernähe.

Während der Brutzeit werden die Kakadus meistens paarweise oder in kleinen Flügen angetroffen. In der übrigen Jahreszeit bilden sie Schwärme bis zu 2 000 und mehr Vögeln. Durch ihre grellen Schreie, die Größe und die Färbung fallen sie schon von weitem auf. Die Nasenkakadus streifen außerhalb der Brutzeit nahrungsabhängig umher. Häufig fliegen sie bereits vor Sonnenaufgang von ihren Schlafbäumen zur Tränke und anschließend in das nahegelegene offene Land, um vorwiegend auf dem Boden Futter zu suchen. Mit dem langen Oberschnabel graben sie nach Wurzeln, Knollen und Zwiebeln und fressen auch Samen. Als Wachposten bleiben einige Vögel hoch oben auf den Ästen und zeigen damit ein gleiches Sozialverhalten wie die Gelbhaubenkakadus. Mit diesen werden sie gelegentlich auch angetroffen. Ihr Nahrungsspektrum besteht aus Samen von Gräsern und Kräutern, Nüssen, Früchten und Beeren, Wurzeln und Knollen, vor allem aber auch aus Getreide. Sie graben, sammeln Samen auf dem Boden und fressen diese auch aus Ähren. Lokal richten sie manchmal Schäden auf Feldern an, u. a. auf solchen mit halbreifem Mais. Ein unverwechselbarer zweisilbiger Schrei wird während des Fluges ausgestoßen. Die Brutzeit liegt zwischen August und November. Es werden hohle Äste und hochgelegene Baumhöhlen, meistens in einem le-

Nasenkakadus während der Nahrungsaufnahme im mittleren Victoria

Nasenkakadu-Paar mit Jungen. Sie sitzen der Seitenwand am nächsten.

benden Eukalyptusbaum in Wassernähe, zur Brut gewählt. Oft sind hier Gelege und Jungvögel unerreichbar. Das Gelege auf Bodenmulm besteht aus zwei, selten drei Eiern. In den letzten Jahren nahm die Bestandsdichte ab, so daß der Nasenkakadu keineswegs häufig vorkommt, lokal sogar selten angetroffen wird. Der Populationsschwund war anfangs sicherlich durch die Dürre und die damit verbundene Veränderung des Landschaftsinventars bedingt. Negativ haben sich weiträumige Rodungen im Rahmen der frühen Siedlungstätigkeit einwandernder Europäer ausgewirkt. In Neusüdwales ist der Nasenkakadu selten, hier gibt es nur noch einige Bestände. In Victoria wird er als recht selten eingestuft. Hier gab es deutliche Rückgänge. In Westaustralien kam es ebenfalls zu Bestandsabnahmen. Bereits 1912 wird hier auf die Gefahr seines Aussterbens in einem Teil des Verbreitungsgebietes aufmerksam gemacht. Um die Jahrhundertwende war er also wesentlich weiter verbreitet und zahlreicher. Noch recht gut sind seine Bestände im Norden des Vorkommens. In mehreren ländlichen Gegenden West-

22 und 25 Tage alte Jungvögel. Auffällig ist der Größenunterschied.

australiens hat der Nasenkakadu keinerlei gesetzlichen Schutz. Im vorigen Jahrhundert wurden größere Mengen Nasenkakadus in Europa angeboten. Als Käfigvögel waren die Jungtiere bald zahm und zutraulich. Ihr Nachahmungstalent ist mehr oder weniger gut, vor allem imitieren sie täuschend ähnlich Geräusche. Sie besitzen ein sehr gutes Lernvermögen für Bewegungsabläufe. Bereits seit Jahrzehnten gehören Nasenkakadus zu den Raritäten in den Vogelanlagen Europas und den USA, so daß sie heute keine Bedeutung mehr für die Käfighaltung haben. Es sind ruhige Vögel, die aber in den Morgen- und Abendstunden recht lebhaft und laut werden. Sie gehören zu den ausgesprochen liebenswerten und freundlichen Kakadus. Ihre Pflege bereitet keine Probleme. Sie erreichen ein hohes Alter, einige lebten über 70 Jahre in Menschenhand. Sie sollten mit anderen Papageien nicht vergesellschaftet werden, ausgenommen die Jungvögel im ersten Lebensjahr, denn gegenüber Mitbewohnern verhalten sie sich meistens aggressiv. Sie haben ein großes Nagebedürfnis. In mittelgroßen Ganzmetall-Volieren mit mäßig warmem Schutzraum, Sandboden oder Erde zum Graben finden sie die Voraussetzung für eine gesunde Pflege. Für eine Unterbringung in Hochgehegen kommen sie deshalb nicht in Frage. Wegen der Grabfreudigkeit müssen mehrmals im Jahr regelmäßige Kotuntersuchungen durchgeführt werden. Im Frühjahr und

Jungkakadus im Alter von 41 und 44 Tagen. Der Größenunterschied ist nicht mehr so gravierend wie in der übrigen Entwicklungszeit.

Herbst erfolgen Wurmkuren. Selbst bei keinem Nachweis von Endoparasiten im Kot erfolgen diese Wurmkuren als prophylaktische Maßnahmen. Als Futter erhalten sie die übliche Kakadu-Kost. Leckerbissen sind für sie Grassoden und Wurzeln im Außengehege. Die Vögel benötigen mehr tierisches Eiweiß als andere Kakadus. So verzehrt ein Paar an einem Tag einen ganzen Hähnchen-Schenkel. Auch fressen sie gern junge nackte Mäuse. Eine Delikatesse sind Löwenzahnwurzeln. Sie lieben das Regenbad (Beregnungsanlage!). In der Welt gibt es nur ausgesprochen wenige Zuchterfolge, u. a. bei Dr. Burkard, Baar in der Schweiz. Die Vögel beziehen sowohl Kästen aus Hartholz als auch wandstarke Höhlen in Baumstämmen. Das Gelege besteht aus 2 bis 3 Eiern. Die Jungen schlüpfen nach 29 Tagen und fliegen um die 10. Lebenswoche aus. Nach weiteren 3 bis 4 Wochen haben sie die Selbständigkeit erreicht. Sie sollten wenig später von den Eltern getrennt untergebracht werden.


**Salomonenkakadu** *(Cacatua ducorps)*

Männchen weiß, einige Federn an der Kopfbasis zart lachsfarben, kleine, schön gestufte Haube. Flügel und Schwanz unterseits gelblich. Schnabel hornfarben, Iris dunkelbraun, Augenring nackt und

Salomonenkakadu-Paar. Die Männchen dieser Art sind in Gehegen während der Brutzeit gegenüber der Partnerin sehr aggressiv.

bläulichweiß. Weibchen wie Männchen, aber Iris rot bis braun, Haube kürzer, Schnabel kleiner, meistens auch insgesamt kleiner. Jungvögel wie erwachsene Vögel gefärbt. Länge 31 cm. Keine Unterarten.

Ihre Heimat sind die westlichen Salomonen, ausgenommen San Cristobal. Die Kakadus bewohnen überwiegend Wälder des Flachlandes, kommen allerdings auch bis in Höhenlagen von 1 500 m ü. NN vor. Außerdem werden sie in der Nähe von Dörfern und Städten, auf Feldern und in Obstgärten angetroffen.

Sie leben paarweise und in Flügen bis zu etwa acht Vögeln zusammen. Die Nacht verbringen sie auf »ihren« Schlafbäumen, auch in der Nähe von Siedlungen. Ihre Rufe sind schrille Schreie. Sie ernähren sich von Samen, Nüssen, Früchten, Beeren, Baumblüten, Blattknospen, Insekten und ihren Larven. Gern besuchen sie reife Mais- und Getreidefelder, graben auch nach Süßkartoffeln und verzehren Früchte und Obst. Lokal richten sie hin und wieder größere Schäden an. Trotzdem werden sie nie bejagt. Sie brüten wahrscheinlich in den Wäldern. Brutbiologische Einzelheiten sind nicht bekannt. Salomonenkakadus sind häufig, sie werden nicht gefangen. Vögel in Menschenhand sind handaufgezogen und durch Baumfällen in die Obhut des Menschen gelangt.

Dieser Kakadu ist die seltenste Kakadu-Art in den Volieren der Papageienliebhaber. Nach dem zweiten Weltkrieg kamen nur wenige Vögel nach Europa und in die USA. Derzeit gibt es einige Paare bei europäischen Liebhabern. Die Männchen sind gegenüber den Weibchen aufgrund des Territorialverhaltens in den Volieren sehr aggressiv. Häufig haben sie selbst brütende Weibchen plötzlich getötet. Nach den Erfahrungen von Dr. Burkard, Baar/Schweiz, müssen also die Paare in größeren Volieren mit wenigstens 16 m² Grundfläche untergebracht werden. Außerdem stutzte er den Männchen die Flügel. Jede zweite Schwinge wurde auf ein Viertel bis ein Drittel der Länge gekürzt. Somit fliegt das Männchen langsamer als die verfolgte Partnerin. Arteigene Männchen dürfen keinen Sicht- oder Rufkontakt haben, anderenfalls töten sie ihr Weibchen aufgrund der übergroßen Aggressionen. Mehlkäferlarven gehören zum Futter, weil sie bei den Vögeln einen außergewöhnlich starken Bruttrieb auslösen, beim Männchen aber leider auch Aggressionsverhalten. Die Kakadus erhalten das übliche Papageienfutter. Salomonenkakadus sind wohl die lebhaftesten und temperamentvollsten aller *Cacatua*-Arten. Sie lernen bald ihren Pfleger kennen und nehmen auch einen Leckerbissen durch das Gitter. Das Gefieder dieser attraktiven Kakadus hat im Sonnenlicht einen leicht rosafarbenen Schimmer. Im Vergleich zum Goffin's Kakadu trägt der Salomonenkakadu eine höhere und schön gestufte Haube. Die Unterbringung erfolgt am besten in einer Ganzmetall-Voliere mit einem großen Schutzraum, der im Winter mäßig warm sein muß. Eine Beregnungsanlage ist notwendig. Ein Paar wird allein untergebracht. Es wählt eine Baumhöhle oder bezieht einen dickwandigen Hartholzkasten. Das Gelege besteht meistens aus zwei Eiern und liegt auf Mulm und Spänen. Die Weibchen brüten gut. Bislang gab es weltweit nur wenige Zuchterfolge.

# Unterfamilie Nymphensittiche – Nymphicinae

## Gattung Eigentliche Nymphensittiche *(Nymphicus)*
1 Art

### Nymphensittich *(Nymphicus hollandicus)*

Männchen grau, unterseits heller. Vorderkopf mit langer spitzer Haube, Kehle gelb, Ohrfleck groß und rotorange, äußere Flügeldecken weiß, Oberschwanzdecken blaßgrau, ebenso mittlere Schwanzfedern. Äußere Schwanzfedern und Schwanz unterseits dunkelgrau bis schwarz. Schnabel grau, Iris dunkelbraun, Augenring nackt und grau. Weibchen vom Männchen in der Kopffärbung deutlich zu unterscheiden. Oberkopf, Haube und Kehle grau, nur schwach gelb, Ohrfleck blaß orange, äußere Flügeldecken weniger weiß. Oberschwanzdecken blaß graubraun, weiß gestrichelt. Unterbauch und Schenkel mit graugelblichen Streifen, Unterschwanzdecken graubraun mit gelblichen Streifen, Schwanz grau, weißlich gepunktet, äußere Schwanzfedern unregelmäßig gelb und dunkelgrau marmoriert. Jungvögel sehr ähnlich erwachsenen Weibchen, aber Schnabel heller, junge Männchen manchmal am Kopf etwas gelblicher als Weibchen. Länge 31 cm. Keine Unterarten.

Ihre Heimat ist fast ganz Australien, ausgenommen Arnhemland, Kap-York-Halbinsel, die Küstengebiete im Osten, im Süden und Südwesten, nicht auf Tasmanien.

Nymphensittiche sind Bewohner trockener Gebiete des Inlandes; geschlossene Wälder ausgenommen, kommen sie in fast allen Lebensräumen vor.

Die unregelmäßigen Niederschläge bestimmen das Nahrungsangebot und somit Lebensweise und Häufigkeit. In Dürrezeiten verlassen die Vögel vollständig diese Gebiete, und große Schwärme fallen weit entfernt in Landschaften ein. Bei diesem weiträumigen Umherstreifen besiedeln sie auch neue Landstriche. Allgemein leben Nymphensittiche paarweise und in Gruppen zu etwa 50 Vögeln zusammen. Letztere sind vorwiegend bei der Nahrungssuche auf dem Boden anzutreffen. Zur Bildung großer Schwärme kommt es während der saisonalen Wanderungen. Dann können mehr als tausend Sittiche an Wasserstellen angetroffen werden. Die Paare halten auch innerhalb der Schwärme zusammen. Einige Vögel wachen

Nymphensittiche, Männchen

gezielt auf erhöhten Plätzen, während die übrigen Schwarmmitglieder auf dem Boden nach Nahrung suchen. Warnrufe lösen die schnelle Flucht aus. Die Nahrung besteht überwiegend aus Samen von Gräsern und Kräutern, von Büschen und Bäumen, Getreidefeldern, aus Früchten und Beeren. Gern suchen sie Felder mit reifem Weizen, Hirse und Sorghum auf. Die Brutzeit hängt sehr von den klimatischen Verhältnissen ab, vor allem von den Regenfällen. Im allgemeinen liegt sie zwischen August und Dezember. Aber es wurden auch schon höhlenhockende Jungvögel im April gefunden. Bei günstigen Umweltbedingungen brüten die Vögel mehrere Male hintereinander. Sie beziehen Astlöcher und Stammhöhlen. Dabei bevorzugen sie abgestorbene Bäume, die einen guten Überblick im Gelände ermöglichen. Im Gegensatz beispielsweise zum Rosa- und Nacktaugenkakadu brütet immer nur ein Paar in einem Baum oder in nächster Nähe. Nicht selten liegen die Bruthöhlen mehr als 200 m auseinander. Die Brutbäume stehen häufig in Wassernähe. Das Gelege besteht aus 4 bis 5, selten aus bis zu sieben Eiern, die auf dem Mulm des Höhlenbodens liegen. Beide Paarpartner brüten abwechselnd.

Im gesamten Verbreitungsgebiet ist der Nymphensittich alltäglich, örtlich häufig, vorwiegend im Norden. In Queensland genießt er wegen der Schäden auf den Getreidefeldern keinen ganzjährigen Schutz, aber in den übrigen Staaten. Der Nymphensittich erfreute sich schon vor Jahrzehnten so großer Beliebtheit, daß er nach dem Wellensittich am häufigsten gehalten und gezüchtet wurde. Er ist vollständig domestiziert. Es gibt zahlreiche Farbschläge, beispielsweise weiße, gelbe, geperlte und gescheckte Nymphensittiche, auch Vögel mit veränderter Gestalt der Haube. Eine gezielte Zucht sollte nach den von den Verbänden festgelegten Standards erfolgen, um für die Zukunft gesunde Bestände zu erhalten. Gern werden Nymphensittiche als Hausgefährten gepflegt. Als Käfigvogel wird am besten ein Männchen allein gehalten. Ansonsten ist die paarweise Unterbringung zu empfehlen. Ein Jungvogel schließt sich bald der Familie an. Er lernt auch wenige Worte und Melodien nachzuahmen. Die meisten Tiere sind nicht laut. Ein täglicher Zimmerfreiflug dient der Gesunderhaltung. Auch als Volierenbewohner und Ammen sind Nymphensittiche beliebt. So sind sie sehr gute Ammen für Gelege und Jungvögel von Kakadus bis zu einem Alter von etwa drei Wochen. Ihr Nagebedürfnis bewegt sich im normalen Rahmen. In der Pflege bereiten sie keinerlei Schwierigkeiten. Die Unterbringung erfolgt in geräumigen Käfigen oder einer Außenvoliere mit frostfreiem Schutzraum. Eine Ganzmetall-Konstruktion macht sich nicht erforderlich. Nymphensittiche sind friedliche Vögel. Mehrere Paare können gemeinsam untergebracht werden, auch in Gemeinschaft mit Wellensittichen und beispielsweise Reisfinken. Zuchterfolge gehören schon seit Jahrzehnten zu den Alltäglichkeiten bei den Vogelliebhabern, auch im größeren Käfig. Die Brutzeit richtet sich nach den Temperaturen in der Anlage. Es werden sowohl Höhlen als auch Kästen von den Paaren bezogen. Den Brutplatz wählt das Männchen. Im zweitägigen Abstand werden die Eier gelegt. Das Gelege besteht aus mehreren, maximal bis acht Eiern. Die Bebrütung beginnt nach Ablage des zweiten und dritten Eies. Das Männchen brütet allgemein von morgens bis zum frühen Nachmittag, danach das Weibchen. Die Jungen schlüpfen meistens nach 18 Tagen, die ersten beiden häufig innerhalb von 12 Stunden, die folgenden bis zu drei Tage später. Sie fliegen fast alle gleichzeitig um den 33. Lebenstag aus und sind 2 bis 3 Wochen später futterfest. Im Alter von einem Jahr sind Nymphensittiche fortpflanzungsfähig.

# Gesetzliche Bestimmungen zur Haltung

Es besteht eine Meldepflicht für Tiere besonders geschützter Arten, zu denen auch die Kakadus gehören. Nachfolgend die Informationen aus dem Bundesministerium für Umwelt, Naturschutz und Reaktorsicherheit (AZ-Nachrichten **38** (1991), H. 2, S. 124–125).

Die Bundesartenschutzversorgung vom 19. 12. 1986 ist am 1. 1. 1987 in Kraft getreten. Sie löste die bis dahin gültige Verordnung aus dem Jahre 1980 ab und führte eine Meldepflicht für Wirbeltiere der besonders geschützten Arten ein.

Bis zum 1. 7. 1987, bei späterem Beginn der Haltung binnen vier Wochen nach Begründung des Eigenbesitzes, war der Bestand der Tiere und nach der Bestandsanzeige jeweils unverzüglich der Zu- und Abgang von Tieren schriftlich anzuzeigen.

Diese Meldepflicht hat die 1. Änderungsverordnung zur Bundesartenschutzverordnung vom 24. 7. 1989 (in der Fassung der Bek. vom 18. 9. 1989, BGBl. I S. 1677, ber. S. 2011) beibehalten. Der Bestand an Tieren ist unmittelbar nach Begründung des Eigenbesitzes der zuständigen Landesbehörde anzuzeigen; die Anzeige muß Angaben enthalten über Zahl, Art, Alter, Geschlecht, Herkunft, Verbleib, Standort, Verwendungszweck und Kennzeichen der Tiere. Die Verlegung des regelmäßigen Standorts der Tiere ist ebenfalls unverzüglich anzuzeigen. Das durch den Tod eines Tieres freigewordene Kennzeichen ist mit der Anzeige über den Abgang zurückzugeben. Das bedeutet:

1. Nur lebende Tiere müssen gemeldet werden. Das Ableben eines Tieres muß angezeigt werden, wenn es vorher gemeldet worden ist oder bis zum 1. 7. 1987 hätte angemeldet werden müssen. Krokotaschen, Pelzmäntel und ausgestopfte Tiere brauchen also nicht gemeldet zu werden.

2. Nur Wirbeltiere der besonders geschützten Arten sind meldepflichtig. Hierzu zählen nur die Säugetiere, Vögel, Kriechtiere, Lurche und Fische, die nach der Verordnung der Europäischen Gemeinschaft Nr. 3626/82 zur Anwendung des Washingtoner Artenschutzübereinkommens und nach den Anlagen 1 und 2 Spalte 2 der BArtSchV zu den besonders geschützten Arten zählen. Aber auch Hybridformen, d. h. Kreuzungen zwischen geschützten Wir-

beltieren oder einem Wirbeltier einer geschützten Art und einer nicht geschützten Art, sind meldepflichtig. Einige häufiger gehaltene Tiere sind von der Meldepflicht ausgenommen. Hierzu gehören etwa der Wellensittich, der Nymphensittich und der Kleine Alexander- oder Halsbandsittich.

Da es für den Bürger schwierig ist, im einzelnen herauszufinden, ob sein Haustier zu einer geschützten Art gehört oder nicht, wird empfohlen, sich von den sachkundigen Mitgliedern eines Züchterverbandes beraten zu lassen oder das Tier bei der zuständigen Landesbehörde anzumelden. Diese prüft dann, ob das Tier zu einer besonders geschützten Art gehört.

3. Nur Tiere, die gehalten werden, müssen gemeldet werden. Gehalten wird z.B. ein Vogel im Käfig, auch wenn er von Zeit zu Zeit in der Wohnung herumfliegt und auch einmal durchs geöffnete Fenster entweicht. Nicht gehalten wird hingegen ein Frosch, der sich am Gartenteich niederläßt und jederzeit die Freiheit hat, zu Nachbars Feuchtbiotop überzusiedeln.

4. Wenn das Tier gekennzeichnet ist, muß auch das Kennzeichen gemeldet werden; ebenso muß nach dem Tod des Tieres das Kennzeichen mit der Meldung eingereicht werden.

5. Die Meldung muß bei der zuständigen Behörde abgegeben werden. Welche das ist, ist von Bundesland zu Bundesland verschieden. In Hessen sind es etwa die Regierungspräsidien in Darmstadt, Gießen und Kassel, in Bayern die Landratsämter. Ist unklar, welche Landesbehörde nun genau zuständig ist, wird empfohlen, die Meldung an das für Naturschutz zuständige Ministerium des Landes zu senden.

6. Jeder Bürger muß sein »Haustier« melden, wenn es zu einer besonders geschützten Wirbeltierart gehört. Der Handel unterliegt nach der Auffassung meines Hauses grundsätzlich ebenfalls der Meldepflicht. Hier werden aber häufig die Angaben aus dem Aufnahme- und Auslieferungsbuch übernommen werden können.

Was soll nun der ganze Bürokratismus? Das ist eine berechtigte Frage, die von vielen gestellt worden ist.

Auch wenn es lästig sein sollte, der von der BArtSchV geforderten Meldepflicht nachzukommen, so ist doch zu bedenken, daß diese letzten Endes im Interesse der Erhaltung der Arten geschaffen worden ist und mit der Anmeldung auch ein Beitrag hierzu geleistet werden kann.

In den neuen Bundesländern sind zur Zeit noch die Ministerien (nachstehend aufgeführt) für die Entgegennahme der Meldungen verantwortlich bzw. zuständig. Dort können auch andere Informationen, insbesondere über die Gesetzgebung, eingeholt werden.

Vorläufige Liste der Länderministerien:

Ministerium für Raumordnung, Umwelt und Naturschutz des Landes Brandenburg, Heinrich-Mann-Str. 107, O–1561 Potsdam;

Ministerium für Umwelt und Natur des Landes Mecklenburg-Vorpommern, Schloßstr. 6–8, O–2750 Schwerin;

Sächsisches Staatsministerium für Umwelt und Landesentwicklung, Julian-Grimau-Allee 23, O–8010 Dresden;

Ministerium für Umwelt und Naturschutz des Landes Sachsen-Anhalt, Olvenstedter Str. 1–2, O–3010 Magdeburg;

Thüringisches Umweltministerium, Johann-Sebastian-Bach-Str. 1, O–5085 Erfurt

# Quellen und weiterführende Literatur

Alderton, D. (1982): Parrots, Lories, and Cockatoos. Triplegate

Andres, G. (1978): Molukkenkakadus als Hausgenossen und ihre Zucht. Gef. Welt **102**, 89–93, 108–111, 125–128, 146–148 u. 160

Arndt, T. (1986): Papageien – ihr Leben in Freiheit. Walsrode

Bregulla, H. L. (1984): Die Papageien der Salomon-Inseln: Salomonenkakadu, Gelbkopfpapagei und Salomon-Edelpapagei. Voliere **7**, 146–149

Campbell, N. A. and Saunders, D. A. (1976): Morphological variation in the White-tailed Black Cockatoo, *Calyptorhynchus baudinii,* in Western Australia: A multivariate analysis. Austr. J. Zool. **24**, 589–595

Clausen, J. (1983): Über die gelungene Zucht des Orangehaubenkakadus. Voliere **6**, 175–177

Clausen, J. (1988): Nahrung des Nasenkakadus *(Cacatua tenuirostris).* Papageien **1**, 124–125

Coates, B. J. (1985): The birds of Papua New Guinea, Vol. 1. Dove Publications. Queensland

Courtney, J. (1986): Age-related colour and behaviour in the northern Funereal Black Cockatoo *Calyptorhynchus funereus.* Aust. Bird Watcher **11**, 137–145

Courtney, J. (1986): Plumage development and breeding biology of the Glossy Black Cockatoo *Calyptorhynchus lathami.* Aust. Bird Watcher **11**, 261–273

Dathe, H. (1974): Handbuch des Vogelliebhabers. Bd. 1. Berlin

Diefenbach, K. (1978): Biologie und Ethologie des Nymphensittichs, *Nymphicus hollandicus* (Kerr), unter dem besonderen Aspekt seiner systematischen Stellung. Wissenschaftl. Hausarbeit zum Staatsexamen, Inst. f. Zool., Univ. Mainz

Diefenbach, K. (1982): Kakadus. Walsrode

Ebert, U. (1984): Vogelkrankheiten – Zier- und Wildvögel. – Behandlung, Haltung, Pflege. Verlag M. u. H. Schaper, Hannover

Eichelberger, W. (1974): Der Rotsteißkakadu *(Cacatua haematuropygia).* Gef. Freund **21**, 133

Eichelberger, W. (1978): Der australische Nacktaugenkakadu, *Cacatua s. sanguinea*. Gef. Freund **25**, 159–161

Eichelberger, W. (1978): Der Triton-Gelbhaubenkakadu, *Cacatua galerita triton*. Gef. Freund **25**, 220

Eichelberger, W. (1983): Geschlechtskennzeichnungsringe bei endoskopierten Vogelarten. Gef. Freund **30**, 107–110

Forshaw, J. M. (1978): Parrots of the World. Melbourne

Forshaw, J. M. (1981): Australian Parrots. Melbourne

Ford, J. (1985): Species limits and phylogenetic relationships in corellas of the *Cacatua pastinator* complex. Emu **85**, 163–180

Gabrisch, K., u. Zwart, P. (1985): Krankheiten der Heimtiere. Schlüterscher Verlag Hannover

Grahl, W. de (1977): Weißhaubenkakadus. Handaufzucht ab Schlupf von Frau Hillen. AZ **24**, 108–110

Grahl, W. de (1969–1973): Papageien unserer Erde. Bd. I u. II. Hamburg

Heinrich (1979): Gelungene Zucht des Nacktaugenkakadus *(Cacatua sanguinea)*. AZ **26**, 325–327

Holyoak, D. T. (1972): The relation of Nymphicus to the Cacatuinae. Emu **72**, 77–78

Homberger, D. G. (1980): Funktionell-morphologische Untersuchungen zur Radiation der Ernährungs- und Trinkmethoden der Papageien (Psittaci). Bonn. Zool. Monogr., **13**

Hoppe, D. (1986): Die Kakadus. Stuttgart

Immelmann, K. (1983): Die Vogelwelt Australiens. Im Land der Papageien und Prachtfinken. Stuttgart

Joseph, L. (1982): The Red-tailed Black Cockatoo on south-eastern Australia. Emu **82**, 42–45

King, W. B. (1981): Endangered birds of the world. The ICBP Bird Red Data Book. Washington

Kolar, K. (1980): Die Papageien. In: Grzimeks Tierleben. Bd. 8. München

Kronberger, H. (1978): Haltung von Vögeln, Krankheiten der Vögel. Gustav Fischer Verlag Jena, 3. Aufl.

Lantermann, W. (1980): Großpapageien. Voliere **3**, 162–166

Low, R. (1988): Molukkenkakadus im Loro Parque. Papageien **1**, 6–8

Low, R. (1989): Das Papageienbuch. Stuttgart

Low, R. (1989): Zweite Konferenz der Papageienspezialisten des ICBP, Papageien H. 1, 25–88

Neunzig, K. (1921): Fremdländische Stubenvögel. Magdeburg

Pöpping, H. (1978): Zucht und Haltung des Gelbwangenkakadus. Voliere 1, 111–114

Pöpping, H. (1979): Der Rosakakadu. Voliere 3, 111–112

Pöpping, H. (1980): Der Helmkakadu. Voliere 3, 20–21

Pizzey, G. (1985): A Field Guide to the Birds of Australia. Sydney

Reichenow, A. (1878–1883): Vogelbilder aus fernen Zonen. Abbildungen und Beschreibungen der Papageien. Kassel

Rensch, B. (1931): Die Vogelwelt von Lombok, Sumbawa und Flores. Mitt. Zool. Mus. Berl. 17, 451–637

Robiller, F. (1976): Vogelpracht in Zucht und Pflege. Leipzig

Robiller, F. (1986): Lexikon der Vogelhaltung. Hannover

Robiller, F. (1989): Vogelkäfige und Volieren. Wiesbaden

Robiller, F. (1990/92, Bd. 2 im Druck): Papageien. Bd. 1–3. Berlin

Ruß, K. (1881): Die Papageien. Magdeburg

Ruß, K. (1881): Die fremdländischen Stubenvögel, ihre Naturgeschichte, Pflege und Zucht. Magdeburg

Ruß, K. (1898): Die sprechenden Papageien. Magdeburg

Rutgers, A. (1966–1970): Enzyklopädie für den Vogelliebhaber. Bd. I–III. Gorssel

Saunders, D. A. (1974): Subspeciation in the White-tailed Black Cockatoo, *Calyptorhynchus baudinii,* in Western Australia. Aust. Wildl. Res. 1, 55–69

Saunders, D. A. (1974): The function of displays in the breeding of the White-tailed Black Cockatoo. Emu 74, 43–46

Saunders, D. A. (1974): The occurence of the White-tailed Black Cockatoo, *Calyptorhynchus baudinii,* in Pinus plantations in Western Australia. Aust. Wildl. Res. 1, 45–54

Saunders, D. A. (1977): Breeding of the long-billed Corella at Coomallo Creek, WA. Emu 77, 223–227

Saunders, D. A. (1977): The effect of agricultural clearing on the breeding success of the White-tailed Black Cockatoo. Emu 77, 180–184

Saunders, D. A. (1980): Food and movements of the short-billed form of the White-tailed Black Cockatoo. Aust. Wildl. Res. 7, 257–269

Steinbacher, J. (1986): Vom 1. Weltkongreß über Papageien. Gef. Welt 110, 317

Stoodley, P. and Stoodley, J. (1980): Incubation and handrearing. The Parrot Society Vol. XIV (11): 261–263

Strunden, H. (1982): Kakadus im Osten Indonesiens. Gef. Welt
**106**, 95–96

Strunden, H. (1984): Papageien einst und jetzt – geschichtliche
und kulturgeschichtliche Hintergründe der Papageienkunde.
Walsrode

Temby, I. D. and Emison, W. B. (1986): Foods of the Long-billed
Corella. Aust. Wildl. Res. **13**, 57–63

Unterhorst, A. u. Unterhorst, E. G. (1981): Die Entwicklung eines
von Menschen zerstörten Molukkenkakadus *(Cacatua moluccen-
sis)* bis zur erfolgreichen Zucht. Voliere **4**, 95–102

Wolf, G. (1982): Erstzucht des Goffinikakadu *(Ducorpsius sanguinea
goffini).* Monatsschr. Ziergefl. u. Exoten, H. 2

Wolf, G. (1984): Erstzucht von Weißhaubenkakadus – *Cacatua
alba.* Monatsschr. Ziergefl. u. Exoten, H. 2

# Bildnachweis

Franziska Burkard   S. 23 unten

Hans Reinhard   S. 20, 47, 50 unten, 59, 63, 86, 87, 90, 97, Einbandfoto

Franz Robiller   S. 16, 17 oben u. unten, 18, 23 oben, 26, 27, 42, 73, 92, 93

Franz C. Robiller   S. 41, 45, 50 oben, 61, 65, 68, 71, 72, 79 oben u. unten, 84, 91, 94

Maria Robiller   S. 38, 55

Folgende Aufnahmen wurden im Vogelpark Walsrode angefertigt:
S. 41, 42, 45, 61, 65, 71, 72, 73, 79 oben u. unten, 84

Nachfolgende Aufnahmen entstanden in der »Voliere« von Dr. Dr. Romuald Burkard, Baar in der Schweiz:
S. 55, 91, 92, 93, 94